TYPICON

GREGORII PACURIANI

CORPUS
SCRIPTORUM CHRISTIANORUM ORIENTALIUM
EDITUM CONSILIO
UNIVERSITATIS CATHOLICAE AMERICAE
ET UNIVERSITATIS CATHOLICAE LOVANIENSIS
Vol. 143

SCRIPTORES IBERICI
TOMUS 3

TYPICON
GREGORII PACURIANI

EDIDIT

MICHAEL TARCHNIŠVILI

LOUVAIN
IMPRIMERIE ORIENTALISTE
1954

INTRODUCTIO

Gregorius Pacurianus († 1086), ἐκ τῆς τῶν Ἰβήρων πανφαεστάτης φυλῆς, sicut ipse dicit[1], dux Occidentis Imperii Byzantini, condidit anno 1084 monasterium Deiparae dicatum in regione Bulgarica loco dicto Petrizoni pro monachis georgianis quibus dedit chartam typici seu regulam monasticam.

Textum graecum huius typici edidit L. Petit a.D. 1904[2]. Iuxta hunc textum Gregorius videtur typicum suum scripsisse in tribus linguis : graeca scilicet, armena et iberica. Textus ibericus nuperrime detectus, qui hic primum in lucem prodit, loquitur tantum de typico a Gregorio conscripto graece et iberice, nullam omnino faciens mentionem de textu armeno.

Codex chartaceus e quo desumptus est textus ibericus asservatur in Bibliotheca Nationali Sofiae in Bulgaria[3] sub n. 581.

1 Pag. 2 textus graeci, vid. notulam subsequentem.

2 *Typicon de Grégoire Pacourianos pour le monastère de Pétritzos (Bačkovo)*, in *Vizantiiskij Vremennik*, t. XI, 1904, *Supplementum*, No 1. — Versionem neograecam huius textus mutilam divulgavit G. Musaeos, Γρηγόριος Πακουριανὸς μέγας δομέστικος τῆς Δύσεως καὶ τὸ ὑπ' αὐτοῦ τυπικὸν τῆς μονῆς τῆς Θεοτόκου τῆς Πετριτζονιτίσσης, in *Dissertationes Ienenses*, t. IV, Leipzig, 1888, p. 135-210. — Iuvabit hic notare etiam alia scripta quae tractant de Gr. Pacuriano et de eius typico : K. Kekelidze, *Historia litteraturae ibericae*, t. I, Tbilissi, 1941, p. 531; E. Honigmann, *Die Ostgrenzen des byzantinischen Reiches*, Bruxelles, 1935, p. 222-226 (*Corpus Bruxellense Historiae Byzantinae*, 3); A. A. Vasiliev, *Byzance et les Arabes*, III; R. Guilland, *Le grand domesticat à Byzance*, in *Échos d'Orient*, 37 (1938), p. 54; Nic. Vsevolod, *Edin feodalen institut ot XI vek v našite zemi s' spezialno prednaznačenie*, in *B'lgarska Akademija na naukite. Izvestija na instituta za b'lgarska istorija*, 1-2, 1951, p. 99-189; Idem, *S'dbata na tipika-ustava na Grigorii Bakuriani (Pakurian) i na negovoto gruzinsko kopie ot Sofiiskata narodna biblioteka*, ibid., p. 266-297; Em. Hermann, *Ricerche sulle istituzioni monastiche bizantine*, in *Orientalia Christiana Periodica* 6 (1940), p. 293-375.

3 B. Tsonev, *Opis na rǫkopisite i staropečatnite knigi na Narodnata Biblioteka v Sofija*, Sofia, 1910, p. 517.

Codex exaratus est cursiva sacerdotali, unica columna lineis ca. 18-22 constanti. Litterae initiales, quae maiusculae sunt, et capitula, partim atramento partim colore rubro confecta sunt. Manuscriptum bis signatum est numeris arabicis, indicantibus paginas (non folia) codicis (1-134), ab ipso transscriptore eius et a quadam manu posteriore. Nos secuti sumus primigeniam numerationem, negligentes alteram.

Manuscriptum mutilum est. Desunt quattuor paginae inter p. 42 et 47. Aliae etiam lacunae observantur, minimi tamen momenti. Insuper aliqua verba exciderunt in paginis 86, 88, 89-90.

Ad calcem paginae 131 occurrit notula :

ქ. და მე ფრიად ცოდვილმან და ყოვლისა კაცისა უარესმან და ცოდვილმან იოვანე მღდელმან მარკოზის შვილმან ახალ ციხელმან მოველ და წიგნები წავიკითხე თვისა [4] აღვისტოსა ამ წელსა რომ კალინითკე [4] პატრიახი [4] რომ მოკუდა გაბრი[ელ]ა დაჯდა პატრიაქად [4] ვინცა შენდობა გვითხრათ [თ]ქვენცა შეგინდნეს [4] ღმერთმან ამინ.

Christe, et ego nimis peccator et omnium hominum pessimus ac peccator, sacerdos Iovane Markosišvili ex Achal-ziche [5] veni et libros legi mense Augusto, anno quo Callinicus patriarcha mortuus est (et) Gabriel factus est patriarcha.

Cum haec notula videatur exarata eadem manu qua ipse textus typici, deducendum est sacerdotem Iohannem totum textum transscripsisse anno quo, defuncto Callinico II, sedem patriarchalem Constantinopoleos occupavit Gabriel III, id est anno 1702 [6].

Exemplar e quo Iohannes hunc textum transcribebat videtur constitisse foliis parvis solutisque; solum hoc modo explicari possunt tot confusiones atque inversiones textuum et paginarum quae in hoc manuscripto observantur et quas nos,

[4] Sic.

[5] In Georgia occidentali, ad fines Turciae.

[6] *Dictionnaire de Théol. Cath.*, III, 2, 1938, col. 1312.

secundum textum graecum vel contextum aut calendarium ecclesiasticum, quantum licuit, correximus.

Alius textus ibericus huius typici habetur in manuscripto n. 1598, fol. 1-73, quod asservatur in Bibliotheca Coray (Κοραῆ) in insula Chio; hic tamen codex nobis inaccessibilis remansit [7].

7 Vide Nic. Vsevolod, *S'dbata na tipika ...*, ibid., p. 286, et tabulam post pag. 288. Cfr St. Kabbada, Ἡ ἐν Χίῳ βιβλιοθήκη Κοραῆ, Athenis, 1933; M. Richard, *Répertoire des bibliothèques et des catalogues de mss grecs*, Paris, 1948, p. 101, not. 2; K. Amantos, Μικρὰ Θρᾳκικὰ Μελετήματα Β′. Χειφόγραφα τῆς μονῆς Γρηγορίου Πακουριάνου παρὰ τὸν Στενήμαχον, in Θρᾳκικά, 10, 1938, p.234-252, cum tabulis. Cfr *Byzant. Zeitschr.* 39, 1939, p. 231.

(გუჯარი ტიპიკონისაჲ).

1. * დიდებაჲ : მაცხოვარსა : მხოლოსა : ღმერთსა : * p. 1
ჩუენსა : დაუსაბამოსა : და ძესა : მისსა : მხოლოდ :
შობილსა : და ცხოველს : მყოფელსა : ყოვლად : წმიდასა
სულსა : მისსა : რომელი : იგი : მისცემს : სიტყუასა :
მახარებელთა : ძალითა : მრავლითა :· :· :· :·

2. აწ უკუე ვიწყოთ ჩუენ აღწერაჲ ღმრთისა მიერ
განსაზღვრებაჲ ესე საკრებულოჲ[1] : და მცნებაჲ კანონისაჲ ·
ერთ-სამყოფად (?) ქმნულთა მათთჳს მონაზონთა · რო-
მელნი მყოფ არიან სახელსა ზედა ყოვლად წმიდისა
მდედოფლისა[2] ჩუენისა ღმრთის მშობელისსა : აღშენე-
ბულსა ქართველთა მონასტერსა პეტრიწონისასა : რომელი
ესე აღიწერა და დაემტკიცა · ბრძანებითა ჩემ გრიგოლისითა·
ნებითა[3] ღმრთისაჲთა სევასტოსისა და დიდისა დემესტ-
ლიკოსისა დასავალეთიათა[4] : ძისა სანატრელისა ერისთა-
ვთა მთავრისა ბაკურიანისაჲთა : * აღმოსავალელისა · და * p. 2
ქართველისაჲთა : რომელი ესე მეზრ მაშენებელი ვარ :
პირველ-გსენებულისა · ახალ-შენებულისა მონასტრისა ·
და მას შინა სამარხოჲსა მის განსასუენებელისა ჩემისა ·
რომელიცა სახელ დებით წოდებულ არს სახელსა ყოვლად
წმიდისა ღმრთის მშობელისა მარიამისსა · და შუენიერად
შეზავებულისა წმიდისა ტაძრისა და ჭეშმარიტად კარვისა
დიდებისა ღმრთისა[სა] : რომელი ესე აღემართა მას შინა
შემწედ და შესავედრებელად და საკსრად და შეს[აწევნე-
ლად (?)][5] ჩემდა ცოდვათა განფრდილისა ამის : და
თანამეღჳძლისა ძმისა ჩემისა : სანატრელისა აბაზ მაგი-
სტროსისა :·

1 Sic. 2 Sic. 3 ნეთთა. 4 Sic. 5 შესანდობლად ?

3. ვინაჲთგან [1] უკუჱ მაქუნდა სიყუარული და ძმობაჲ
სულიერი პატიოსნისა მონასტრისა პანაგიისაჲ· რომელი
* p. 3 იგი არს შინაგან ღმრთივ დაცულისა ქალაქისა კოსტან*ტი-
ნოპოლისა ახლისა მის ჰრომისაჲ : და ფრიად მთნდა და
ჯეროვან მიჩნდა მათი იგი წესი და განგებაჲ სამონაზუნოჲ· [2]
და საკრებულოჲ : და მოქალაქობაჲ რომელი აქუნდა მათ
ამისთჳსცა ვინებე· რაჲთა ეგრევე სახედ მითვე წესითა
და განგებითა : დაემტკიცოს ჩუჱნიცა ესე მონასტერი და
ეკლესიაჲ· ყოვლითავე საეკლესიოჲთა განგებითა· და რა-
ჲთა ეგრე მოქალაქობდენ წინამძღუარიცა· ჩუჱნი· [3] და
სხუანიცა ძმანი ყოველნივე : ვითარ იგი არიან ზემოკსე-
ნებულისა მონასტრისა პანაგიისანი· ყოვლისაებრ წესისა
მათისა· რომლისა აღწერაჲ ამისსა შემდგომად გუეგუ-
ლების :

4. რამეთუ უკუჱთუ იგინი რომელნი ბუნებით მოქალაქენი
ყოფილ არიან ოდესმე და ჩუჱულნი· კეთილად ცხორებასა
და აღზრდილნი ფუფუნებით : [4] და ესე ვითარსა მას შორის
დიდსა და ერმრავალსა ქალაქსა· დაჯერებულ არიან ეგე
* p. 4 ვითარსა მაშე * ნებელისა მათისა დადებულსა წესსა და
უცდომელად უპყრიეს მათდა მიცემული იგი ნამარხევი
დადებულისა მის წესისა მათისაჲ :· და აწ ჩუჱნცა ჵ მამანო
და ძმანო· რომელნი ესე მკჳდრ ვართ მონასტერსა ამას
შინა· ვინაჲთგან ქართველნი ვართ ნათესავით მკნენი და
მკედრობითა აღზრდილნი და მარადის ჭირვეულსა ცხო-
რებასა ჩუჱულნი· ვიდრეღა იგი სოფელსა შინა ვიყვენით :
და მოსრულ ვართ აწ სამონაზუნოსა ამას წესსა და გარეგან
ქალაქისა არს ყოფაჲ ჩუჱნი· შორს სოფელთაგან და
მსოფლიოთა· ესე ვითარსა ამას შუჱნიერსა უდაბნოსა
რომელი აღსავსე არს· მრავლითა [5] კეთილითა : ესე იგი
არს· მრავლითა და ტკბილითა· წყლითა და წყაროებითა·
და მათ შინა მრავლითა და გულის სათქუმელითა თევზითა

[1] ვინაჲთის. [2] Sic. [3] ჩისა. [4] ფუენებით. [5] მრეყითა.

და თითოსახითა ნაყოფითა : ხილითა და ვენა*კებითა · * p. 5 და მტილითა [1] გუარად გუარადითა და სხჳთა ყოვლითავე · რომელიცა უკმს მონაზონთა : ვითარ უკუჱ არა უფროჲსად თავს ვიდვათ და დავიმარხოთ წესი მცნებისა მის მათისაჲ :·

5. ხოლო და უკუჱთუ ეგრეთ რაჲმე არს რომელ რაჲ იგი მე არა მწადის : და უმეტეს ჩუჱნ მიერ დაწესებულისა ამის წესისა პატიოსნისა მონასტრისა პანაგიისა უფართოესი და უმდიდრესი ცხორებაჲ ვისმე ენებოს · და უფროჲსი განსუჱნებაჲ უნდეს · წარვიდენ კეთილად ვინაჲცა პოონ გულისთქუმაჲ გულისა მათისაჲ : რაჲმეთუ არცა თუ ნეტართა მათ იწროჲ რაჲმე ცხორებაჲ უქადაგებიეს : არამედ საშუვალსა ოდენ გზასა სლვაჲ :·

6. აწ უკუჱ წესი ესე განგებისა სამონაზუნოჲსა მის წიგნისაჲ რაჲ რომელი ესე გამოვარჩიეთ და გარდავთარგმნეთ ზემო კსენებულისა პატიოსნისა მონასტრისა პანაგი*ისა განგებისაგან · და სხუაჲ მცირედი რომელ ჩუჱნ * p. 6 შევსძინეთ და შთავ[ს]წერეთ მას შინა · ესე არიან რომელსა თჳთოეულად გამოაჩინებენ თავსა ზედა გამოსახულნი ესე რიცხუნი [2] თავთანი რაჲმეთუ ესე ესრეთ განვაწესეთ : რაჲთა ყოველმანვე გამომეძიებელმან რომლისავე პირისამან ჟამსა თჳსსა ადვილად პოოს საძიებელი თჳსა :·

7. (1) თავი :· თუ ვითარ სახედ აღიშენა ანუ ვითართა მიერ საკმართა პატიოსანი ესე მონასტერი ქართველთაჲ :·

(2) თავი :· თუ რაულნი ანუ ვითარ სახენი შესაწირავნი და ადგილნი მიეცნეს წმიდასა ამას ეკლესიასა :·

(3) თავი :· აზნაურებისათჳს მონასტრისა ჩემისა ყოველთაგან სამეუფოთა და სამღდელთმთავროთა ხარკთა და მისაკდელთაგან გამოსავალთა :· ჩემთაგან მონაგებთა · და ძმისა ჩემისა აბაზისთაგან : რომელ არიან მოძრავნი და უძრავნი და თჳთ ძრვადნი :·

(4) თავი :· ერთობისა და ზოგებით ცხორებისა ძმათა

[1] მტლითა. [2] რიხუვნი.

* p. 7 მათთა (?) კრებულისათა და დაყენებისათჳს მათსა მო*სე-ნაკლეობისაგან · და თავისა თჳსისათჳს საკუთრად[1] რაჲსამე ზრუნვისა · გინა სენაკსა შინა თჳსსა საზრდელთა შემზადებისა :·

(5) თავი :· წინამძღურისათჳს მონასტრისა თუ ვითარ ჯერ არს გამორჩევაჲ და დამტკიცებაჲ და თუ შემდგომად პირველისა ვითარ ჯერ არს მეორისა დაყენებაჲ მასვე სამსახურებელსა მონასტრისასა :·

(6) თავი :· რავდენობისათჳს მონაზონთაჲსა და რიცხჳსა · რომელნი დავაწესენით რაჲთა არა დააკლდენ · არცა ამათგან საკმარი პურის ფასად გინა მღუნად იმიოს · და თუ რავდენთაჲ ჯერ არს ამათგან მსახურად და ჴელის უფლად დაყენებაჲ ანუ ვითარ სახედ.

(7) თავი :· მღდელთათჳს ჟამის მწირველთა თუ ვითარ ჯერ არს გამორჩევაჲ და დაწესებაჲ მათი ანუ თუ მსგეფსსა შინა რავდენი დღე ჯერ არს რაჲთა სასეფოდ ჟამი წირონ :·

(8) თავი :· ტაბლისა დაგებისათჳს და მსახურთა დუმი-
* p. 8 ლით და სიმშჳდით მსახურებისათჳს :· *

(9) თავი :· შესამოსელთათჳს გინა სამოსლისა ფასისა თუ ვითარ ჯერ არს ანუ რომელსა ჟამსა განყოფაჲ რაჲთა განუყოს წინამძღუარმან ძმათა :·

(10) თავი :· სამთავე მარხვათა სიწმიდით მარხვისათჳს და მარა დღე გლახაკთა ღუწისათჳს ქველის საქმითა :·

(11) თავი :· დღესასწაულისათჳს წმიდისა ეკლესიისა ჩუჱნისა და სხუათათჳს საუფლოთა დღესასწაულთა და საჩინოთა წმიდათა რომელ ბრწყინვალედ აღესრულებოდიან :·

(12) თავი :· შემკობისათჳს და განახლებისა წმიდისა ეკლესიისა ჩუჱნისა სანთელთა მიერ და კანდელთა თუ ვითარ ჯერ არს ყოფაჲ · და განკრძალულად ლოცვისათჳს · ვითარმედ ჯერ არს რაჲთა გულის[2] მოდგინებით იქმნებოდის და მოწიწებით :·

[1] სასუთრად. [2] გლის.

(13) თ ა ვ ი :· ვითარმედ ჯერ არს რაჲთა ყოველთა დღეთა აღუვარებდენ ძმანი წინამძღუა*რსა გულის სიტყვათა და * p. 9 საქმეთა და ყოველსავე ბრალსა რაჲცა შეჰმთხუჱოდა მათ :·

(14) თ ა ვ ი :· ჴელთ საქმეთათჳს და შრომისა და ვითარმედ ჯერ არს ყოვლადვე ფსალმონებაჲ შრომასა შინა :·

(15) თ ა ვ ი :· ძმათთჳს რაჲთა არა განვიდოდიან არცა იქცეოდიან გარეგან მონასტრისა თჳნიერ წინამძღურისა ბრძანებისა და მათთჳს რომელნი ორგულთაებრ მაჩუჱნებლობით[1] ილოცვიდენ შორის კრებულისა :·

(16) თ ა ვ ი :· ჴელის უფალთათჳს მონასტრისათა რომელ არიან [ი]კონომოსნი და აბარმადნი :·

(17) თ ა ვ ი :· მცნებაჲ განკრძალვისათჳს საჭურისთაგან რომელ არიან ყუჱრულნი და სხუათაგან ჭაბუკთა ჰასაკითა :·

(18) თ ა ვ ი :· აზნაურებისათკს მონასტრისა და * თავი- * p. 10 სუფლად ყოფისა ყოველთაგან თჳსთა ჩემთა შორიელთა და მახლობელთა და სხუათა ვიეთგანცა · რაჲთა არავის აქუნდეს ზიარებაჲ რაჲვე რაჲთურთით :· * * p. 9

(19) თ ა ვ ი :· ვითარმედ უკუჱთუ ეცროვოს[2] წინამძღუარი ანუ სხუაჲ ვინ ჴელის უფალი აღთქუმასა თჳსსა და იპაროს მონასტრისაჲ გინა ეკლესიისაჲ რაჲმე : აღიჴოცოს ეგე ვითარი იგი :· * * p. 10

(20) თ ა ვ ი :· მათთჳს რომელნი საკმარსა შემოსწირვენ მონასტერსა · ჟამის საწირავად მიცვალებულთა მათთათჳს· სწავლაჲ თუ ვიეთგან ჯერ არს მოღებაჲ ესე ვითარისაჲ :·

(21) თ ა ვ ი :· მცნებაჲ ძმა[თა] მიმართ თუ ვითარ ჯერ არს ყოფად საჴსენებელი ჩემი და მიცვალებულთა ჩემთაჲ და აღაპისა ჴსენებისა ჩუჱნისასა : და წყალობისა ყოფად გლახაკთა მიმართ :·

(22) თ ა ვ ი :· მიცვალებულთათჳს წინამძღუართა და ძმათა მონასტრისათა თუ ვითარ ჯერ არს ჴსენებაჲ მათი წმიდითა ჟამის წირვითა და ლოცვითა :·

[1] მაქუჱნებლობით. [2] Sic.

(23) თავი :· არა შესლვისათჳს მონასტრად ჩუჱნდა დედა-კაცისა : არცა სადედოჲსა მონასტრისა შენებად ოდესმე საზღვართა მისთა :·

* p. 11 (24) თავი :· არა დაწესებისათჳს შინაგან მონას * ტერსა ჩუჱნსა ბერძნისა ხუცისა და მონაზონისა და თუ რაჲ არს მიზეზი ამისი :·

(25) თავი :· ნათესავთა და მსახურთა ჩუჱნთა ქართველთათჳს რომელნი წესსა მონაზონებისასა მოვიდენ თუ ვითარ ჯერ არ[ს] შეწყნარებაჲ მათი მამასახლისისაგან და ძმათა· ანუ თუ მათ ვითარ უკმს ყოფაჲ და მსახურებაჲ კრებულისათა თანა :·

(26) თავი :· ლოღარიას ქმნისათჳს[1] და ანგარიშის ყოფისა [ი]კონომოსთა და სხუათა მსახურთაჲსა წინამძღურისაგან და წინამძღურისაჲ ძმათაგან :·

(27) თავი :· კსენებისა ყოფისათჳს ზოგად მიცვალებულთა ყოველთა ძმათათჳს რაჲთა დაუცადებელად იკსენებოდიან სულნი მიცვალებულნი ლოცვითა და ჟამის წირვითა :·

(28) თავი :· მონასტერსა შინა სასნეულოჲსათჳს· თუ ვითარ ჯერ არ[ს] ფუფუნებით და განსუჱნებით მსახურებაჲ მათი :·

(29) თავი :· თუ რაჲსათჳს აღშენებულ არიან ჩემ მიერ
* p. 12 * ქსენადოშნი[2] რომელ[3] არიან უცხოთა სადგურნი სტენიმახისაჲ : მარმარისაჲ და პრილონგისაჲ და თუ ვითარ განიწესნეს იგინი :·

(30) თავი :· ჩემ მიერ დადგინებულისათჳს პირველისა წინამძღურისა გრიგოლ ვანელისა თუ ვითარ ჯერ არს შედგომად (?)[4] მისი ანუ რომელსა დღესა :·

(31) თავი :· მოყმეთათჳს დიაკონთა თუ სადა იყვნენ

[1] Λογαριάζειν. Vid. Fr. DÖLGER, *Beiträge zur Geschichte der byzantinischen Finanzverwaltung, besonders des 10. und 11. Jahrhunderts,* (*Byzantinisches Archiv,* 9), Leipzig-Berlin, 1927, p. 145, 186.

[2] Ξενοδοχεῖον. [3] რა. [4] შდ.

ანუ ვითარ განისწავლნენ და მერმელა შევიდენ მონასტრად და მღდელისათჳს რომელი იყოს ნიკოლწმიდა[ს] :·

(32) თ ა ვ ი :· საკარგავისა არა მიცემისათჳს წინამძღურისაგან ძმათაგანსა ანუ თუ სხუასა ვისმე რაჲთა არა აქუნდეს ჴელმწიფებაჲ· არცა განყიდად მონაგებთაგანი რაჲ ეკლესიისათაჲ :-

(33) თ ა ვ ი :· კრძალულად დამარხვისათჳს წიგნისა ამის განსაგებელისა, რომელ არს გუჯარი ტიბიკონისაჲ : და თუ ვითარ ჯერ არს წარკითხვაჲ * ამისი :· * p. 13

*
* *

8. კურთხეულ არს ქრისტე ღმერთი ჩუენი ყოვლადვე აწდა მარადი და უკუნითი უკუნისამდე ამინ.

(1) თ ა ვ ი :·
და სიტყვა შესავალი აღშენებისათჳს
წმიდისა ამის მონასტრისა :·

9. რაჲმეთუ ნანდვილვე ჯერ არს და სამართალ ზოგად ყოველთათჳს ქრისტიანეთა მართლმადიდებელთა რომელნიცა ნათელ ღებულნი არიან : სახელითა მამისაჲთა და ძისაჲთა და სულისა წმიდისაჲთა მარადის მოლოდებად ზოგადსა მას ყოველთა კაცთა აღსასრულსა· და ზრუნვად დღისათჳს სიკუდილისა მათისა : სასოებითა მით მკუდრეთით აღდგომისაჲთა და მოგონებად საშინელი იგი და შესაძრწუნებელი განკითხვაჲ· სამართალთა მათ სასჯელთა ქრისტეს ღმრთისა და მაცხოვრისა ჩუენისათაჲ და თითუეულისა ჩუენისათაჲ და თითუეულისა ჩუენისა საქმეთა თჳსთაებრ სამართლად მიგებაჲ : რომლისათჳსცა თანა გუაც ყოველთა ყოვლითა ძალითა ჩუენითა ამათ ესე ვითართათჳს ზრუნვაჲ და ღუწოლაჲ : ვიდრემდა ცხორებასა ამას შინა ვართ ყოფით· რაჲთა * ყოვლითა ძალითა * p. 14 ჩუენითა მოსწრაფებით ვიღუაწოთ· განრინებად საში-

ნელთა მათგან [1] საუკუნეთა სატანჯველთა : და ცეცხლისა მისგან გეჰენიისა : და გმისა მისებრ და სწავლისა წმიდისა სახარებისა მიცემად აქა და მივასხებად ღმრთისა საკსრისა კეთილისა თავთა თჳსთათჳს :· რაჲთა იყოს იგი ღმრთისა მიმართ ვითარცა მცირედი ნუ რაჲ მიზეზი მიცემული მისდა რომლითა ღირს ვიქმნეთ მიმთხუევად მიუწდომელთა მათ კაცთმოყუარებისა მისისა კეთილთა და ამით სახითა ქმნად ჩუენდა ყოვლადვე საქმეთა კეთილთა ძალისაებრ თითოეულისა და ესრე სახედ მოღუაწებითა მოგებად ჩუენდა მამონაჲსა ამისგან სიცროვისა· მეგობართა საცნაურთა სახიერებით შემწყნარებელთა ჩუენთა მერმესა მას საუკუნესა : რაჲთა ამის ყოვლისა ესრეთ წარმართებითა მათთანა მებრ ღირს ვიქმნნეთ საღმრთოსა მას მკჳდრობასა მიმთხუევითა· ქრისტეს მიერ მოტევებასა ბრალთასა :·

10. რომლისათჳსცა მე გრიგოლ ზემოკსებულმან სევასტოსმან და დიდმან დემესტიკოსმან· ფრიად ცოდვილმან * p. 15 და უღ*ირსმან მონამან ქრისტესმან· ვიხილ[ე] თავი· ჩემი სიყრმით ჩემითგან და ვიდრე სიბერედმდე : ამაოდ და ცარიელად· ყოველთაგან საქმეთა კეთილთა· ოდენ ღირს ქმნულად ჭეშმარიტსა და მართლმადიდებელსა ქრისტიანეთა სარწმუნოებასა ქართველთასა : რომელთა იგი სწორად აქუს და განუყოფელად· მტკიცესა თანა სარწმუნოებასა და აღსარებასა ჭეშმარიტთა ბერძენთა ნათესავისასა : და დაღაცათუ წადიერებაჲ მაქუნდა პირველითგან და განვიზრახევდ აღმოსავალეთსვე ყოფასა ჩემსა და ვიდრე დასავლეთს დამკჳდრებადმდე : აღშენებასა ეკლესიისასა და მონასტრისასა სამარხოდ და განსასუენებელად ბრალეულთა ძუალთა ჩემთა : გარნა მრავალთა მიერ ცოდვათა ჩემთა· და ცვალებისაგან ამის სოფლისა საქმეთაჲსა და ჩემისაგას საწუთროჲსა ზრუნვათა შექცევისა და სიყუარულისაგან· ვერ ღირს ვიქმენ [2] აღსრულებად გულის ზრახვასა ჩემსა ვიდრე აქამომდე :·

[1] მრჳნ = მრავალთაგან ?

[2] ვიქმსამენ ?

11. ხოლო აწ ჟამსა სიბერისა ჩემისასა· არა თუ მე
ჩემი * [თა] სიბრძნითა და მეცნიერებითა : გინა თუ გულის * p. 16
გმისყოფითა : არამედ უფროჲსღა აურაცხელითა და
გამოუთქმელითა· კაცთ მოყუარისა ღმრთისა ჩუჱნისა
სახიერებითა : და მოწყალებით მოხედვითა უღირსსა ამას
და ყოვლად უნდოსა მონასა მისსა ზედა : მცირედ რაჲმე
განვიფრთხვე საწუთროჲსა ამის ზრუნვათაგან : და
მოვიჴსენე რაჲ დღე აღსასრულისა ჩემისაჲ· და წინამდე-
ბარე იგი საქმეთა ჩემთა მოსაგებელისა ზარი და შიში და
ვითარცა პირველ ვთქუ განვიცადე თავი ჩემი : რაჲმეთუ
ცუდ ვარ და ცარიელ ყოველთაგან საქმეთა ღმრთისა
სათნოთა :· ამისთჳს უკუჱ შევევედრე მე : ჩემსა მას და
ყოველთავე შეცოდებულთა სასოსა : და შემდგომად
ღმრთისა შესავედრებელსა· და მჴსნელსა ქრისტიანეთასა :
უმეტეს კურთხეულსა დედასა ქრისტეს ღმრთისა ჩუჱნი-
სასა : მარადის ქალწულსა მარიამს ყოვლად წმიდასა
ღმრთის მშობელსა : და მის თანა ზეშთა საკჳრველად
დიდებულსა· დიდსა მას წინამორბედსა· და ნათლის
მცემელსა ქრისტესასა· ნაშობთა შორის დედათაჲსა [1]
უმეტეს უაღ*რესსა წმიდასა იოვანეს : და ეგრეთვე თავადსა * p. 17
მას ელვარედ მბრწყინვალესა მთავარ მოწამესა და თავსა
ქრისტეს მარტჳლთასა ახოვნად მოღუაწესა წმიდასა გიორ-
გის : და ვყვენ ესენი წინამძღუარ ჩემდა ცხორებისა და
მეოხად ქრისტეს მიმართ ღმრთისა ჩუჱნისა დღესა მას
განკითხვისასა ყოველთა თანა წმიდათა· სათნოთა და
საყუარელთა ქრისეტსთა :

12. და აღვაშენენ ყოვლითა გულის მოდგინებითა და დიდითა წარსაგებელითა· ეკლესიანი ტაძრად სამკჳდრებელად დიდებისა : ერთბამად სახელსა ზედა , სამთა ამათ ზეშთა საკჳრველთასა : ჭაეროვანნი [2] და დიდად შუჱნიერნი ძალისაებრ ჩემისა· და ქცეულებისა დაუდგრომელთა მათ·

1 Sic. 2 ჭაეროვიანნი.

და დაუმტკიცებელთა ჟამთა ამის საწუთროჲსათა : თემსა შინა ფილიპუპოლისასა : მიღმართ სამხრით კერძო· ჴევსა შინა ერთსა ფრიად მაგარსა· საზღვართა შინა სოფლისა მის რომელსა პეტრიწონ[1] ეწოდების· რომელი იგი ვასილიკოსობად[2] ჩინებულ არს· რომელიცა წმიდათა და თჳთ მპყრობელთა მეფეთა ჩუჱნთა თჳსითა წმიდითა სარწმუნოჲთა· და თაყუანის საცემელითა ოქრობეჭდებითა * p. 18 მო*უნიჭებიეს ჩემდა· ნაცვალად ჩემთა მათ მრავლითა სისხლითა სარწმუნოებით მსახურებათა : რომელი ესე ჰასაკითგან სიყრმისა ჩემისაჲთ· და ვიდრე სიბერედ ჩემდამდე· არა ოდეს უდებ ვიქმენ დათხევად სისხლთა ჩემთა და თჳსთა ჩემთა : და მრავლისა მის ერისა ჩემისასა : სათნო ყოფისათჳს მეფობისა მათისა ვინაჲცა ვიბრ[ძ]ანე მსახურებად· აღმოსავლეთსა სარგებელსა დამსახურებასა[3]: ჰე ნანდჳლვე და ვიდრე ტყუჱობათა შთავრდომადმდეცა თავით ჩემით და ჩემ თანა არა მცირედთა ნათესავთა ჩემთა ჴელსა წარმართთასა მიცემადმდე მიმსახურებია· საბერძნეთსა და[4] უკუჱთუ ვთქუა თუ მცირედნიღა ვინ ჩუჱნნი მომკუდარ არიან სარეცელსა ზედა თჳს[სა] მშჳდობით : რომელნი არა ჴელისაგან [5] საბერძნეთისა და ძელისა ცხორებისა მტერთაჲსა მახჳლითა მომწყდარ არიან არა ვტყუვი :·

13. ხოლო აწ რაჲმეთუ ღირს მყო მე ღმერთმან აღსრულებად გულის თქმასა გულისა ჩემისასა და განსრულდეს წმიდანი ესე ეკლესიანი გარემოზღუდვილით მონასტრით· და სენაკებითურთ : ჩემთა მრავალთა საფასეთა წარგებითა· * p. 19 * რომლისათ[ჳს] ვიკადრო და ვთქუა : ვითარმედ არა ვის სხჳსა მიკნინამდე საკმრისა· გინა ვინაჲვე მონახუჱჭისა ანუ თუ გლეხთა ჩემთა უსასყიდლოდ მოპაპრაკებითა რასავე მსახურებასა შინა· გინა ჭირვებითა მათითა

[1] აეტრიწონ. [2] βασιλικίς. [3] და მსახურებასა? [4] და და.
[5] ჴელთგისა?

ქმნილ არს შენებაჲ წმიდისა ამის ეკლესიისა და მონასტრისა ჩემისაჲ[1] : არამედ ყოველივე მხოლოდ ჩემისა გებისაგან[2] ქმნილ არს :·

(2) თავი :·

შესაწირავთათჳს : და მდუწნთა : და ადგილთა : რომელნი : მიეცნეს : და დაისხნეს : ეკლესიასა : ამას :·

14. მივეც უკუშ და დაუმტკიცე წმიდასა ეკლესიასა ჩემსა : მე გრიგოლ ნებითა ღმრთისაჲთა · სევასტოსმან და დიდმან დემესტიკოსმან ყოვლისა დასავალეთისამან ძემან სულ კურთხეულისა ბაკურიანისამან : ოქროზეჭდებითა · ჩემდა მონიჭებულისაგან მონაგებისა და მამულისა ჩემისა · რომელნიცა მაქუნდეს გელმწიფებით · სრულითა და შეუძრავითა · უფლებითა · ლოგისქმნილითა[3] ოქროზეჭდებითა :

15. პირველად თვითგანვე თემსა ფილიპოპოლისასა[4] : ციხედ წოდებული სოფელი პეტრიწონისაჲ · რომელი ვასილისკოსობად[5] წოდებულ არს · სრულიად * ყოვლითა * p. 20
აგარაგითა[6] თჳსითა : ივანოვა აგარაკი რომელსა შინა აწ მონასტერი აღიშენა : პეტრიწონი აგარაჲ : და ვაჩქოვა აგარაჲ : დობროლონგი აგარაჲ : დობროსტანი აგარაჲ : მოსინაჲ აგარაჲ : ლაბკოვა აგარაჲ : ლივოროვა აგარაჲ :·

ესე ყოველნი თავეთ ზღვრითა[7] და სინორითა და ყოვლითა სამართალითა · და პირველითგანვე ქონებულითა ნაქონებითა მათითა · და შემოსავლითა[8] მათდა ქმნილისა მისებრ პერიზმონისა[9] :·

16. ეგრეთვე მივეც დამოკიდებით მისსა · ჩემ[ი] დიდი სოფელი სტენიმახი : ჩემ მიერ აგებულითა ორთავე ციხით მისითურთ · და ეგრეთვე მსგავსად აგარაებითურთ : ლიპიწონით : და აგარაჲთ ბარბარე წმიდითურთ : რომელი

1 ქმისაჲ. 2 Sic. 3 Λογίσιμον. Cfr DÖLGER, *Beiträge*, p. 144.
4 Sic. 5 Sic. 6 Forsitan აგარაკებითა. 7 ზღვროა?
8 შემოსავაითა. 9 Περιορισμός.

იგი ფრენაკსა ახლავს : და სოხასტრებით [1] მისით · ნიკოლ წმიდით · ელია წმიდით · ზემოჲთ გიორგი წმიდითურთ და ქუჱმოჲთ რომელი სოფელსა ახლავს : მითვე სახითა
* p. 21 სრულებით : თვის[ითა] * ყოვლითავე პირველითგან გარე შემოწერილითა ზღვრითა : და ჩემ მიერ დადებულითა სინორითა : შორის მისსა და მეორისა ციხისა ვოტანაჲსა :·

მივეც კუალად ციხეცა ვანსკაჲ ახალ ციხითურთ ვრისით : და სხჯაა ყოვლითა სოფლებითა და აგარაებითა მისითა და პლანინაებითა [2] და ყოვლითავე ზღვრითა და პირველითგან ნაქონებითა მისითა :·

17. ეგრეთვე მივეც თოფოლიწონთა პრეტორად [3] სახელდებული სოფელი · რომელსა ჟელოვა ეწოდების თავისა [4] ყოვლითა შემოწერილებითა და ზღვრითა : და ყოვლითა ნაქონებითა სრულებით :

მივეც მაგასვე ზემო ჴსენებულსა ეკლესიასა ჩემსა : თემსა შინა ვოლეროჲნისასა ვანდსა [5] მისინოპოლისასა პრასტინი ჩემი ზაუწი თავისა [4] ყოვლითა ზღვრითა და პირველითგანითა ნაქონებითა სრულებით : და ციხესა მისინოპოლისასა შიგნით : ჩემ მიერ განძითა ნასყიდნი სასახლენი ადგილნი : და ჩემგანვე აღშენებულნი სახლნი მას შინა : და ეგრეთვე ყმისა ჩემისა ვარდან პრონოიტისისა [6] ჴელითა განძითა ჩემითა ნასყიდნი სახლნი მასვე ციხესა შინა მისინოპოლისასა : და ციხესა გარეგნით მონასტერი გიორგი
* p. 22 წმიდისაჲ · რომელი იგი არს პაპ * იკისა [7] მთის ძირსა · თავისა [4] ვენაჴებითა და ყანებითა და მტილებითა · და ყოვლით[ა] სამართალითა და ნაქონებითა და მასვე თემსა შინა ვანდსა პერითორისასა · მივეც პრასტინი [9] ჩემი სახელით მინა [9] ზედა ნართაულით მიწით და ყანებით მისითურთ : ვითარ იგი საპარადოდიკოსა პრაჴტიკონსა [10] შინა სწერია : ეგრეთვე პერითორისა ციხესა შიგნით

[1] Ἡσυχαστήριον. [2] Πλανηνή [3] Πραιτώριον. [4] Sic. [5] Βάνδον. [6] Προνοητής. [7] პაჲიკისა. [8] Προάστειον. [9] Μηνᾶ. [10] Παραδόσεως πρακτικόν. Cfr DÖLGER, *Beiträge*, p. 100.

ავლინი [1] რომელი აჴსართანის ძმასა სიძესა ჩუჱნსა ჰქუჱნდა [2]· მითვე ყოვლითა შენებულებითა და ნაქონებითა :·

18. ესე უკუჱ ყოველნი რომელნი სახელ დებით ზემოთ სწერიან მიმიცემიან ზემო კსენებულისა მონასტრისა ჩემისა ქართველთა ღმრთის მშობელისა ბეტრიწონისა და ვითა ზემო ვთქუ თავიეთ [3] ყოვლითავე ზღვრითა : და პირველითგანვე ქონებულითა მამულებითა [4] და სამართალითა და თავიეთ უღლებითა [5] ყოვლითა და თესულებითა და ყოვლითა ალაგებითა და შემოსავლითა :·

19. სანატრელსა უკუჱ ძმასა ჩემსა აბაზ მაგისტროსსა ესრეთ დაეწერა ანდერძსა შინა მისსა ვითარმედ სადაცა ინებოს ძმამან ჩემმან გრიგოლ აღშენებაჲ ეკლესიისა და საფლავისაჲ მე მუნ დამმარ * * p. 23 ხეთ : და სხუათა თანა საკმართა დაეწერა და დაეწესა ნაწილად სულისა თჳსისა თავისა სოფელი პრილონგი · თემსა შინა სოლონიკისასა · რომელ არს საარხონდოსა სტეფანიანისასა რომელი იგი აქუნდა მას პატიოსნითა და თაყუანისსაცემელითა სარწმუნოჲთა ოქრობეჭდითა · მინიჭებულად მისდა ნაცვალად პრასტინთა მისთა რომელნი დაეტევნეს ანტიოქიას · და კუალად ესეც დაეწესა ანდერძსა [6] შინა თჳსსა · ვითარმედ უკუჱთუ ვერ ეწიფოს ძმასა ჩემსა შენებად ეკლესიისა და მონასტრისა · მაშაჲ სადაც დავიმარხო მუნ მიეცეს ესე სოფელი :·

გარნა ვინაჲთგან წინამძღურებითა ღმრთისაჲთა აღიშენა ჩემ მიერ ზემო თქმული [7] ესე ეკლესიაჲ და მონასტერი ჩემი ვყავთ ჩუჱნ ბრძანებისაებრ მისისა : და მოვიყვანე ლარნაკი მისი აქა მონასტერსა და ეკლესიასა სამარხოსა ჩემსა : და მუნ დავდევით საფლავსა შინა გუამი მისი : და ვითარ იგი ჯერ იყო და შეჰგვანდა ჩემისა მისგან დიდისა და მრავლისა შეურვებისა და მკურვალედ შემწუველისა სურვილისა რომელი მაქუნდა მისსა მიმართ ·

1 Αὐλή. 2 Sic. 3 Sic 4 ჭამულებითა. 5 (ζευγάριον).
6 ანდერძძსა. 7 ოქუმული.

ეგრეთ პატივით და ღირსებით ვიღუაწეთ იგი · და განვა-
* p. 24 წესეთ ყოვლითვე სარგებელი სულისა მის*ისაჲ : და ფრია-
დიცა გასაყოფელი მივეც ჴელითა ჩემითა საკმართა და საფასეთა ჩემთაგან : პირველ ოდეს იგი ვიყავ მე თეოდოსოპოლისს · და აწცა კუალად დასავლეთს მოსლვასა ჩემსა :·

აწ უკუჱ ვითარცა ვთქუ სოფელი იგი პრილონგი მისისაებრ გასწესებისა მივეცით მონასტერსა ჩუჱნსა და სამარხოსა მისსა · და განვაწესეთ ყოფად მისთჳს ლოცვისა მრავლისა და ჟამის წირვისა ვითარ ესე რა ქუჱმოჲ სწერია მიგჳცემიეს · უკუჱ სოფელი ესე პრილონგი მონასტრისა ჩუჱნისა და თავისა მუჱლითა [1] ციხებითა და აგარაებითა · ქსენადოშებითა და ყოვლითა ზღვრითა მისითა · და პირველითგანითა ნაქონებითა და სამართალითა მისითა :·

20. ეგრეთვე დაეწერა ანდერძსა შინა თჳსსა : სანატრელსა ძმასა ჩემსა და მოეცა ლეღატად ნაწილად ჩემდა : ეგრეთვე სახედ ოქროჭედითა მისდა მინიჭებულთა ადგილთაგან სოფელ[ი] ზრავიკი კესაროპოლი თურთ [2] : რომელ არს თემსა სერაჲსასა ვანდსა შინა ზავალტონისასა სათევზითა ტბითა მისითა და აგარაჲთა რომელსა ტლავავა [3] ეწოდების : და მე ვქმენ უფალ და ჴელმწიფე ამის სოფლისა და
* p. 25 ციხისა *

გარნა მე პირველად სურვილისათჳს მისისა და მოწლედ სიყუარულისა : და მერმე რაჲმეთუ არა რაჲ მაქუნდა ხუჱჭაჲ ამის სოფლისა საკმართათჳს · რაჲმეთუ ნებითა ღმრთისაჲთა და ბედითა [4] წმიდათა და თჳთმპყრობელთა მეფეთაჲთა და ჩემითა მოსწრაფებითა და მოჭირვებითა : არა რაჲ მაკლდა არცა მაქუნდა ხუჱჭაჲ რაჲსავე : რომლისათჳსცა პირველ თქმული ესე სოფელი და ციხე რომელი ლეღატად ჩემდა დაეტევა მას განვაწესე და მივეც ჴუალად იგიცა ამასვე ზემოჴსენებულსა ეკლესიასა და მონასტერსა

[1] რუჱლითა. [2] მურთ. [3] ხლავავა? [4] ბედეთა?

ჩემსა და სამარხოსა მისსა : აწ უკუჱ სახელ დებით ზემოთქმულნი ესე ციხენი და სოფელნი და პრასტინნი ყოველნივე რომელნიცა შევწირენით და მივსცენით წმიდასა ეკლესიასა ჩუჱნსა და მონასტერსა ქართველთასა პეტრიწონისასა : ყოველთავე სახელები პატიოსანსა შინა და სარწმუნოსა სიმტკიცისა ოქროზეჭედსა რომელი შეიქმნა ამის მონასტრისათჳს : თითოეულაჲ წერილ არიან :·

21. მრავალი უკუჱ სხუაჲცა საჴმარი განეწესა პირველ თქუმულსა * სანატრელსა ძმასა ჩემსა მონაგებთა და * p. 26 საფასეთა მისთაგან ჴელითა ჩემითა მიცემად · სულისათჳს მისისა : ესე იგი არს · განძისაგან ვეცხლისა ჭურჭელთაგან · შესამოსელთაგან და სხჳსა ყოვლისავე საჴმრისაგან და ეგრეთვე ოთხფერჴთაგან და ყოვლისაგანვე ჰასაკისა პირთაჲსა რაჲმეთუ ნებითა ღმრთისაჲთა მდიდარ იყო და აქუნდა ყოველივე საჴმარი უკლებად : ჰხდა [1] ჩემიცა არა მცირედი აქუნდა საფასე მისთანა ნამარხევად დადებული : რომელიმე ჴელითა ჩემითა მიცემული მისდა · და სხუაჲ რომელიმე შემდგომად აღმოსავალეთს განმგებელად წარსლვისა ჩემისა თეო[დო]სოპოლისს · ჩემთა პრასტინთა ყოველთასავე შემოსავალსა ამათ წელთა ბრძანებითავე ჩემითა აიღებდა და დაჰმარხვიდა რაჲმეთუ არავინ მესუა მე სხუაჲ ვინ უფროჲს მისსა მისანდობელი სულისათჳს ჩემისა ვითარ იგი : არცა მას ვინ ესუა უფროჲს ჩემსა მისთჳს მისანდობელი · და რომელი იგი იყო ჩემი მისთანა : ყოველივე მუჱლი განძი იყო : რომანატი · მონამახი · დუკატი ექუსთაველი და მიხაილატი რომლისაგან აღმოსავალეთით რაჲ მოვიქეც : შემდგომად ძმისა ჩემისა დალევნისა * არცა ერთი რაჲ ვპოვე : გინათუ ჩემისაგან გინათუ * p. 27 მისისაგან საფასისა : რომელიცა მას სულისა თჳსისათჳს დაეწერა მიცემად ხოლო ზემოჴსენებულნი ეგე მონაგებნი ყოველნი : რომელთაცა სახელები თჳთოეულად ზემოჲთ

[1] ხოლო და ?

სწერიან ესრე სახედ მიგჳცემიან სრულებით ყოვლითა საკმრითა მათითა სეფითა უღლებითა და ეგრეთვე გლეხებითა მათითა მთაბარითა [1] · ტყითა და პლანინაებითა და სასამოვრითა [2] ადგილებითა : ვენაკებითა და ხილნარებითა წისქჳლებითა და სახლებითა · ზღჳთა და კმელითა : ციხეებითა [3] და ყოვლითა შენებულებითა მათითა · და ყოვლითა ქონიერებითა [4] მათითა და შემოსავლითა შინა და გარე ძრვადითა და უძრავითა და თჳთ მოძრავითა ყოვლითა :·

22. ამასთანა შევწირენით და მივსცენით ხატნი პატიოსანნი მრავალნი · და ჯუარნი საუფლონი სავსენი ნაწილითა ძელისა ცხორებისაჲთა · და სახარებანიცა ქართულნი და ბერძულნი · ამათგანნი უმრავლესნი დიდ ძალითა წარსაგებელითა შემკულ არიან · თუალებითა პატიოსნითა · და მარგალიტითა მინაჲთა და შემეფტონითა და სხუაჲ სამკა-
* p. 28 ული მრავალი ფერი ეკლესიისაჲ რომელ *არიან ბარძიმ ფეშხჳმები · და საცეცხურები [5] ვეცხლისაჲ · და ქორაკანდელნი ვეცხლისაისანი [6] და ჭიქანი ბრწყინვალედ პატიოსანნი : და ეგრეთვე სამეუფონი შესამოსელნი პატიოსანნი თჳთ მებრ წმიდისა მეფისა კირუ ალექსისა კომნიანოსისა თჳსისა წმიდისა ტანისაგან წარმოცემული ჩემდა ჟამსა მას ოდეს იგი ღმერთმან დიდითა ძალითა თჳსითა : და შეწევნითა ძლიერისა მარჯუჱნისა თჳსისაჲთა · და ეგრეთვე მსგავსად ბედითა წმიდისა და თჳთ მპყრობელისა მეფისა ჩუჱნისაჲთა დაამკუა ჩუჱნ მიერ უშჯულოჲ და ფრიად მძლავრი მტერი ქრისტიანეთა და საბერძნეთისაჲ ნათესავი პეწინაგთაჲ რომელთაცა ძლეულებაჲ და მოსრვაჲ · წიგნითა აღწერად ვერ ძალ მიც რომელთასა ვგონებ : რომელ შემდგომად აღსრულებისა ჩემისა მრავალთა შინა ჟამთა იჴსენებოდის მაშინ ყოფილი იგი ღმრთისა მიერ საკჳრველებაჲ :· ეგრეთვე იგიცა შესამოსლები მივეც · რომელ

[1] მაბარითა. [2] Sic. [3] ციხებითა. [4] Sic. [5] Sic. [6] Sic.

ოდეს კუმანთა ტყუჱობისატან გამომიჴსნა ღმერთმან წყალობითა თჳსითა· წარმოეცნეს ჩემდა წმიდასა მეფესა· და ძლიერსა სევასტოკრატორსა ძმასა მეფობისა მისისასა :·

მივსცენით კუალად სხუანიცა სამოსელნი უკერველნი დიდ ფასისანი· და სხუანიცა [ხა]ტნი ფიცრისანი ოქრო-პეტალოჲთა და წამლითა შუჱნიერად დაწე*რილნი საკმარად და სამკაულად ეკლესიისა : და ეგრეთვე საკანდლენი რვალისანი ჯაჭუჱბითურ : და სასანთლენი კელაჲტარნი [1] მრავალნი : და ამათ ყოველთა საზომი და სახე ამისა შემდგომად წიგნსა ამას შინა წულილ წულილად ქუჱმო შთაგჳწერია რომელნიცა მიგჳცემიან წმიდისა ეკლესიისა ჩუჱნისადა :· * p. 29

(3) თავი :·

აზნაურად ყოფისათჳს მონასტრისა ჩუჱნისა· ყოვლისაგანვე სახისა სახარკოჲსა· და მსახურებისა :·

23. შემდგომად ყოვლისა ამის განვაწესე წმიდაჲ ეკლესიაჲ ჩემი და სამოღუაწეოჲ სენაკები და უდაბნისაჲ (?) ესე და მონასტერი საკრებულოჲ ყოფად თჳნიერ ყოვლისა მსახურებისა სამეუფოჲსა და სამთავროჲსა· ყოვლითა ამით ზედა წერილით მონაგებითურთ· რომელი დაგჳწერიეს და მიგჳცემიეს ამის მონასტრისადა : ზემავალითა და ქუჱმდებარითა· და თჳთმავალითა ყოვლითა : რაჲთა იყოს თავისუფალ ყოვლითურთ აზნაურ და თჳთკელმწიფე : თჳთმფლობელ და დაუმონებელ : და რასავე ხარკსა ქუჱშე შეუვრდომელ· სამეუფოსა * და საპატრიარქოსა : სამეტროპოლიტოსა : და საებისკოპოსოსა : და სამამასახლისოსა ყოველსა : და უფროჲსღა მიტროპოლიტისაგან ფილიპოპოლელთაჲსა არს აზნაურ და შეუვალ : მიმუნადმდე· ვიდრე არცაღა თუ კუჱრექსსა შინა იჴსენებოდის სახელი * p. 30

[1] Sic.

მისი : გარნა ამას ხოლო იტყოდიან ვითარმედ მოიჴსენენ ოჳფალო ყოველნი ეპისკოპოსნი მართლმადიდებელნი და შემდგომი ამისი : და ეგრეთვე ყოველთაგან მთავართა და ჴელ მწიფეთა · მსოფლიოთა არს თავისუფალ მონასტერი ჩემი : დიდთაგან ვიდრე მიმცირეთადმდე ვითარ იგი სარწმუნოთა მიერ სამეუფოთა ოქრობეჭედთა არს დამტკიცებუ[ლ] ესე ყოველი :

(4) თავი :·

ზოგად მცხოვრებელთა · თჳს : კრებულისა · ძმათა : და განყებისათჳს : მათსა მოსენაკეობისაგან :·

24. ნებითა ღმრთისაჲთა განწესებისაებრ წმიდათა პირველთა მამათაჲსა ვინებე მეცა უნდომან და უღირსმან მონამან ქრისტესმან ძეგლ ყოფად მონასტრისა ჩემისა და მას შინა დამკჳდრებულთა ძმათაჲ რაჲთა იყვნენ ყოველნი იგი.
* p. 31 ზოგად მცხოვრებელ ერთობით · წინამ*ძღუარიცა და ძმანიცა : ბრძენმცა არიან და გულისჴმის მყოფელ : საღმრთოთაცა საქმეთა შინა და კაცობრივთა : ერთგულ და ერთ სიტყუა ყოვლით კერძო : მყუდროსა მას შინა და დაწყნარებულსა ცხორებასა : და იყავნ ტაბლაჲ მათი საზოგადო და საერთადო. რაჲმეთუ არა მნებავს რაჲთურთიით რაჲთა ორი გუარი პური გინა საჭმელი ანუ სხუაჲ რაჲმე სანოვაგეთაგანი შეიქმნებოდის ანუ თუ ორი გუარი ღჳნოჲ იწდეოდის : რაჲმეთუ სადაცა ზოგად მცხოვრებელნი იყვნენ არა ჯერ არს რაჲთა ერთი მეორისა უმჯობესთა საზრდელთა და სასუმელთა იგუმევდეს არცაღა თჳთ მებრ მამასახლისი : რაჲმეთუ უფროჲსღა მისა ჯერ არს ქონებად უმეტესისა სიმდაბლისა და წესიერებისა რაჲთა ესრეთ შეუძლოს მან სხუათათა[1] მათ დამჭირვად და პყრობად განწესებულსა ამას ქუჱშე :·

25. განვაყენებ ამისგანცა რომელ არს საკუთრად თავისა

1 Sic.

თჳსისათჳს ალაგისა რაჲსამე ღუწოლაჲ ძმისაჲ : ანუ თუ ნაშრომისა ანუ ოთხფერჴისა მოგებაჲ· ანუ სენაკთა შინა მათთა რაჲსამე დამარხვაჲ· რაჲმეთუ ამას ყოველსა გარე განვსდევნით : მარტოდჭამასა და სუმასა ფარულად გინა ცხადად გი*ნა თუ სხუასა თანა რაჲმეთუ რომელი ამას * p. 32 იქმოდის იგი წინა აღუდგების აღთქუმასა მას და მცნებასა რომელი იგი წინაშე ღმრთისა და კაცთა არა კაცთა არამედ ანგელოზთა აღუწერიეს ცათა შინა რომლისათჳს სიტყჳსა მიცემაჲ მოგუწჳადების წინაშე საშინელთა საყდართა ქრის-ტესთა : ეგრეთვე არცა სად· ორისა (?) ჭურჭლისა ჯერ არს ქონებად· არცა წუწნისა ქმნად გინა კიდეგნად ტაბლისა შემზადებად ანუ თუ მოღებად რაჲსამე საზიაროსა მას ტრაჲ[პ]ეზსა და მუნ შეჭმად : რაჲთა არა პატიოსნისა ტაძრისა წილ და სამოციქულოჲსა ტაბლისა საფარდულ იქმნას ადგილი ესე :· ხოლო უკუეთუ უძლურებისათჳს გინა სიბერესა დიდსა მიწევნისა მიზეზითა ნუგეშინისცემაჲ ჳმდეს ვისიმე : ჯერ არს გარნა კნინ ოდენ :·

26. ხოლო უკუეთუ მთავართაგანი ვინ გინა თუ შუწბუ-ლად ცხორებულთა[განი] მოსრულ იყოს მონაზონებად : და ესე ვითარნი იგი მსახურისა გინა მოწაფისა საკუთრად დადგინებასა ინუკევდენ : არა ვსცემთ მიშუწბასა :· რაჲმეთუ უკუეთუ მიუშუას ვინ და ადგილი სცეს მათ :· არა ხოლო თუ უსწორებლობაჲ და განყოფილებაჲ შეიქმნების ამის მიერ შორის ძმათა : და საზიაროსა მის ცხორებისა წესისა * შეცვალებაჲ არამედ დიდიცა : სავნებელი[1] : და ახალსა-ხელობაჲ : არა სულიერი ოდენ შორის შემოვალს : არამედ მონაგებთაცა ადგილისათა სარგებელისა წილ სავნებელი ფრიადი შეემთხჳოს (?)[2] : და ევნოს მას შინა შყოფთა * p. 33 მათ თჳთრჩულობითა მით და შეძინების მოყუარებითა· რაჲმეთუ განთჳსებით საკუთრად წესისა ძიებითა ზოგად საცხორებელსა მას წესსა და საქმესა უწესოებად და ორგუ-

1 Bis habetur სავნებელი. 2 შეემთხჳრს.

ლებად შესცვალებენ : და რაჲთა ესრეთცა ვთქუა ვითარმედ საჴმარსა მას უჴმრად გამოაჩინებენ თავჴედობით : არამედ უფროჲსღა თანა აც ესე ვითართა მათ · რაჲთა ღმრთის მომიშებით და სიბრძნით სხუათაცა მსახურებისა განგებაჲ თავს იდვან : და არა საჭამადთა და სასუამადთა[1] სენაკთა შინა თჳსთა დაჰმარხვიდენ · და გინა ცხადად გინა ფარულად ჭამად გული უთქუმიდეს : რაჲმეთუ ამას ყოველსა გარე განვაშორებთ ქონებად ვისსამე : და არა გუნებავს
* p. 34 რაჲთა * ძმათა საჴმარი რაჲმე აქუნდეს განთჳსებულად · ცხადად გინა ფარულად · დიდი გინა მცირე არცა სხუათაგან მოღებად რაჲსამე გინა მიცემად ვისამე ქველის საქმედ დაღაცათუ გლახაკიცა იყოს და ნუმცა ვინ არს უმეცარ ესე ვითართა · ვითარმედ არა რას საქებელ არიან : რაჲმეთუ საეშმაკო არს ესე და გარეგან შჯულისა და კანონისა მის მოძღურებისა დამჴსნელ :·

27. რაჲმეთუ ოდესღა იგი არავის აქუნდეს ჴელმწიფებაჲ თავისა თჳსისა უფლებად · ვითარ უკუჱ ეუფლოს სხჳსა საჴმართა ვითარცა თჳსთა : და რომელი იგი თჳსთაგან საჴმართ[ა] ყოველთა ეჯმნას ვითარ განაგებდეს სხჳსასა მას და ვითარცა თჳსსა მისცემდეს მოქენეთა მათ : რაჲმეთუ რომელსა თავიცა თჳსი უარ ეყოს ერთგზის და ნებაჲცა · და სიმართლისადა იყოს დამონებულ : და მერმე თავ მოთნებით განაგებდეს რასმე[2] : რასამცა[2] სხუასა იქმოდა ეგე ვითარი თჳნიერ რაჲმეთუ სიმართლესა განეყენების : და მონა[დ] ცოდვისა ჰყოფს თავსა თჳსსა : და რაჲმცა
* p. 35 უკუჱ სას * ყიდელი მისცა ქრისტემან ესე ვითარსა მას რომელი სიმართლესა თჳსსა ეძიებდეს დამტკიცებად · და სიმართლესა ღმრთისასა არა დაემორჩილოს გინა რომელიმცა საქმე წყალობისა გინა უცხოთ მოყუარებისა იყო ესე · რაჟამს იგი არცა თუ მცირედი ზღვევაჲ თავს იდვას ვინ · არამედ ნაცვალად მისსა რომელი იგი გლახაკსა მისცა ·

1 Sic. 2 Sic.

სხუასა საკმარსა ითხოვდეს წინამძღურისაგან· და ძუჱლისა წილ ახალსა ინებებდეს· და უკმრისა წილ საკმარსა : ბოროტად მოვაჭრებითა : ვითარ უკუჱ არა ცხად არს· ვითარმედ იჭირვი შენ რომელი ეგე ამას ჰყოფ არა თუ სტუმართ მოყუარეობისათჳს გინა გლახაკთ მოწყალებისა : არამედ საფარდულისა (?)[1] ... შეძინებითა და ანგარებითა : ოდესღა მათსა მას ზღვევასა რეცა ლმობიერად იჩქურებ და სიცივისა და სიშიშულისა თავს დებად ჰმაჩუჱნებლობ სიყუარულისათჳს მოყუსისა· რაჲთამცა ესრე სახედ არა მიემთხჳე მეცნიერებით დასჯილებასა : * * p. 36

28. ჯერ არს უკუ[ჱ] და სამართალ განკრძალვად ყოველთა· და უფროჲსღა წინამძღურისა სწავლათა შედგომად : და იგი ოდენ ცნობად შჯულად და მცნებად· და საღმრთოდ ბრძანებად რომელი რაჲ მან უბრძანოს : და არა შთავრდომად რეცა გონება ტკბილობით მპარაობასა (?) და არა უმეცრებად ვითარმედ ზიარი არს და ზოგად[2] ყოველთათჳს უცხოთ მოყუარებაჲ იგი და ქველის საქმე· რომელი იქმნების მნეთა მიერ და განმგეთა ეკლესიისათა :·

აწ უკუჱ რომელი წესსა ამას ზედა არა დაადრგეს· არამედ უმეტესსა რასმე ჴელ ჰყოფდეს და ზეციერსა მას მორჩილებასა ზაკულებით[3] აღაშფოთებდეს : უკუჱ არა ინებოს განმართებად თავისა თჳსისა და მოსავად[4] სიმართლესა ეგე ვითარი იგი· ვითარცა კუჱბული შვილებისაგან· უცხოდ შეირაცხენ ძმობისა ამისაგან და იჯმენინ და განვარდინ საღმრთოჲსა ამისაგან სამკჳდრებელისა :

(5) თავი :·

წინამძღურისა :· თჳს მონასტრისა : ვითარ : ჯერ არს : გამორჩევაჲ[5] და დამტკიცებაჲ : ანუ : * შემდგომად : პირველისა : წინამძღუ- * p. 37

1 საფარდ ულინა? Forsan hic nonnulla desiderantur. 2 ზოგაძ.
3 Sic. 4 მოსიავად. 5 გამორცევაჲ.

რისა : ვითარ : ჯერ : არს : მეორისა დაყენებაჲ : მასვე მსახურებასა : მონასტრისასა :·

29. ჭეშმარიტად უკუჱ და სამართლად· პირველ ყოვლისა წინა მდებარეთა[1] მათ განწესებათაჲსა· ჯერ არს წინამძღურისა ძმათა მონასტრისათა ყოფად : ურჩეულესი· და უფრო[2] უწესიერესი : რომელი უმეტეს ყოვლისა სასწრაფო არს ჩუენდა ფრიად : და რომლისათჳს ყოველი მოგონებაჲ და გულის მოდგინებაჲ ჩუენი აღვმართ და განვიკითხეთ ურთიერთას[3] გამოცნობით : და ესე ვპოვეთ წრფელი : და ყოვლისა შფოთისაგან თავისუფალი გზაჲ : რაჲთა ვიდრე მე მაშენებელი ზემოჴსენებულისა მის მონასტრისაჲ ცოცხალ ვიყო : რომელიცა მე დავაწესო წინამძღურად მონასტრისა იგი იყავნ და უკუეთუ დაადგრეს წესიერად და სიწრფოებით განწესებულისა ამის ებრ მცნებისა : ეგოს იგი წინამძღურობასა მას შინა· ვიდრე დღედმდე აღსას-
* p. 38 რულისა მი*სისა : ხოლო : შემდგომად მისსა დაყენებადი იგი : წესისაებრ ჟამისა წინამძღუარი ჟამსა მიცვალებისა მისისასა მანვე პირველმან გამოარჩიოს : მეორედ წინამძღურად ყოფადი იგი მწყემსად ძმათა· გარნა არა თჳსებისა გინა მეგობრობისა მიზეზითა· არამედ ძმათა ყოველთა წამებითა და დამტკიცებითა ყოს : და რომელი იგი შემძლებელ იყოს ჟამსა მას შინა· და ურჩეულესი უფროჲს ყოველთა გულის ჴმის მყოფელი და თუალ უხუავი : ხოლო მისდა ესრე ჯერ არს ქონებად ჴელმწიფებისა : ჴელთ დებულისა მის მამობისასა : რომელი იგი ძმათა წინამძღუარ ყოფად იყოს : რაჲთა არა იყოს ნეფსით თჳსით მოსწრაფე წოდებასა მას : არამედ ვითარცა ზემო ვთქუ გამორჩევასა მას· და ბრძანებასა მოელოდს ზედა მდგომელისასა : რაჲმეთუ ესრე მნებავს ყოფად ყოველთა მათ : უფროჲსღა რაჲთა ესე ვითარ[4] იგი ჴელყოფაჲ ესრე სახედ ყონ : გარნა არა
* p. 39 თჳნიერ ნებისა გინა დაჯერებისა აღსრულებადისა მის * წინამძღურისა :·

[1] დდებარეთა. [2] Sic. [3] ურთიერარს. [4] Sic.

30. ხოლო შემდგომად ამიერ განსლვისა პირველისა მის წინა[მძღურისა] მას [მიეცეს] ჴელმწიფებაჲ მთავრობისაჲ მის თანაგანზრახვითა მოღუაწეთა და ჴელის უფალთა მონასტრისათა · და რომელ · იგი მოურნე სულისა მიცვალებულისაჲ მის იყვნენ :·

კუალად ამასცა ვიტყჳ შემდგომად მიცვალებულისა მის წინამძღურისა რომელი ჩემ მიერ გამორჩეულ და დაწესებულ იყოს წინამძღურად უკუეთუ ესრეთ რაჲმე დახუდეს · რომელ ანასდეულად მიიცვალოს · და ვერ ეწიფოს ესრეთ განგებად : და დაყენებად ვისამე წინამძღურად სამწყსოჲსა მის : მაშინ უკუჱ გამორჩევითა და გამოძიებითა უმჯობესთა და მოღუაწეთა და მეცნიერთა ძმათა და სულისა მოურავთაჲთა : დაიწესოს ძმათაგანი წინამძღურად : და ესე კუალად წესისაებრ პირველ ჩემ მიერ განჩინებულისა რომელი ვთქუთ ახლად დადგინებული იგი დგეს და ეგოს ეგრევე სახედ ვითარმცა მიცვალებულისა მისგან იყო გამორჩეულ და დადგინებულ :·

31. ხოლო დადგინებასა და * წარმართებასა მას წინამ- * p. 40
ძღურისასა ესრეთ განვაგებთ : რაჲთა მიიცვალებოდის რაჲ პირველი წინამძღუარი : ესე იგი არს ოჳფლისა რაჲ ვიდოდის ვიდრეღა ჯერეთ იყოსღა იგი ცხორებასა ამას : შემოკრიბნეს ძმანი ყოველნი ერთად : და წარმოადგინოს რომელი იგი შემდგომად მისსა წინამძღუარ ყოფად იყოს და ამცნოს მას დამარხვად ყოველივე ჩუენ მიერ პირველ განსაზღვრებულისა მის განგებისა წესი რაჲთა მას ზედა მოქალაქობდეს : და არა აქუნდეს ჴელ მწიფებაჲ თავით თჳსით განგებად რაჲსამე : და შემდგომად დაფლვისა მიცვალებულისა მის მესამესა დღესა ესე ჯერ არს ყოფად ახლისა მის წინამძღურისა : რაჲთა აღასრულონ ღამის თევაჲ და პანაშჳდი : და სამხრად აღასრულონ რაჲ საღმრთოჲ საიდუმლოჲ : წმიდისა საკურთხეველისა [1] და-

1 Sic.

ადგინონ : და ძმათა ყოველთა წესისაებრ· თჳთოეულმან ყოველმან მუკლნი მოუდრიკნეს : და ამბორს უყონ და მერმეღა შემდგომად ამისსა განმხიარულებულნი : ერთბამად ყოველნი ტრაპეზად იწოდნენ ოჳფლისა მიერ : და უხუჱბით ტაბლაჲ დაეგოს და ჰმადლობდენ ღმერთსა :·

32. რომლისათჳსცა ვაფუცებ და ამასვე ვეტყჳ პირველსა * p. 41 მას [წინამძღუარსა და შემდგომთა * მისთა· რაჲთა წარმართებულად და სიწრფოებით ჰმწყსიდეს სულიერსა მას სამწყსოსა : და სიმართლით იქცეოდის ძმათა მიმართ და თავადისა ქრისტეს იესოჳჲს მიერ ოჳფლისა ჩუჱნისა თუალ უხუავისა მის განმკითხველისა გულთა და თირკუმელთასა : და განმკუჱთელისა უფროჲს ყოვლისა მახჳლისა ორპირისა რომელი ვიდრე განსაყოფელადმდე სამშჳნველისა და ნაწევართა მიიწევის· და განჰვლის და მიაგებს თჳთოეულსა საქმეთაებრ : და რაჲთა არა რაჲ უღირსებით და სავნებელად წმიდასა მას ზედა სამწყსოსა ძმობისასა განიზრახოს : რომელთათჳს არცა ერთი რაჲ შრომაჲ გინა ჭირი თავს უც : არცა თჳსითა შრომითა მოუგრ (?) ..... [1].

33. ვითარ იგი დიდისა მოციქულისა პავლესებრ ჯერ არს თქუმად განკანონებით : ვითარმედ რომელი იგი არა იქმოდის ნუცაღა ჭამნ : ამისთჳს რასაცა იქმოდის ესრეთმცა ჰყოფს· ვითარცა წინაშე თუალთა მისა ღმრთისათა სახილველად მისა : და მისთანა ყოველნი ესრეთვე იქმოდინ· წესსა მას და განგებასა თჳსსა· მართლად და უბიწოდ : * p. 42 რაჲმეთუ კმა არს მათდა მადლი ესე : რაჲმეთუ * რომელსა შინა არა დაშურეს· სხუათა შრომილსა და ნაოფლარსა [2] შინა იშუჱბენ : რომელი იგი სხუათა დიდითა მოსწრაფებითა· და მრავლითა ღუაწლითა და რუდუნებითა შემოუკრებიეს· რომელსა იგინი ხოლო იცნობენ რომელთა გამოცდილებით უწყიან· და ამის ყოვლისა უშრომელად· და თჳნიერ ზღვევისა მშუჱბელ : და მკმარებელ იქმნეს :

1 Pauca desiderantur. 2 ნაოფლავსა.

ამისთჳს თანა აც რაჲთა მარადის ღმერთსა ჰმადლობდენ ჯერისაებრ და ჩუჱნ გუაკსენებდენ კეთილად : ვითარცა მიზეზ ქმნულთა მათდა ესე ვითართა მათ კეთილთასა :·

და ვითარმცა უკუჱ არა სამართლად თანა ედვა ყოველსავე სიმართლით მავალსა· ყოველსა შინა ცხორებასა მისსა მადლობა[ჲ] მკსნელისა და ღმრთისა ჩუჱნისაჲ : რომელსა იგი არცა თუ მცირედ რაჲმე დამაშურალ არს· რჩეულისა ამის და შუჱნიერისა [1] ადგილისა მიებასა· ჩუჱნ ვართ უკუჱ რომელთა თავს ვიდევით ესე ვითარი ზრუნვაჲ· ზედა ქუჱ სლვითა ჩუჱნითა : და ყოვლისავე ადგილისა მონაგებთა ჩუჱნთაჲსა მიმოხილვითა და გამოკითხვითა· და განსასუჱნებელისა მიებითა სამკჳდრებელად ძმათა : რომლისა უფროჲ : უმჯობესი და შემსგავსებული ვერ სადა ვპოვეთ· და ამან ესოდენმან ჩუჱნმან საქმისა ამის თანა შემწეობამან ესრე .... [2] * * p. 47

(6) თავი :·

რავდენობისათჳს მონაზონთაჲსა და რიცხჳსა· რომელნი დავაწესენით რაჲთა არა დააკლდენ· არცა ამათგან საკმარი პურის ფასად გინა ძღუნად იმიოს· და თუ რავდენთაჲ ჯერ არს ამათგან მსახურად და კელის უფლად დაყენებაჲ ანუ ვითარ სახედ :· [3]

34. ... ბასა ეკლესიისასა რაჲთა წესისაებრ სჳნაქსარისა აღასრულებდეს ყოველსავე და იყვნენ მღდელნი ჟამის მწირველნი ექუსნი : და მთავარ დიაკონნი ორნი რომელნი საკურთხეველსა ჰმსახურებდენ და სხუაჲ რაჲცა ებრძანოს მათ : და სხუანი კერძოდ დიაკონნი ორნი წიგნის მკითხველად და კანანარხად : ხოლო ერთი რომელიცა იყოს მისანდობელი და მოშიში ღმრთისაჲ დაეწესენ მეჭურჭლედ

1 ნუჱიერისა. 2 Hic textui desunt quattuor paginae. 3 Totus hic titulus e pagine septima desumptus est.

და დოშიარად [1] ეკლესიისა სამკაულთა და სიწმიდეთა და საკმართა და განძისა მცველად რაჲთა სადაჲთცა შემოვიდის წერით აიღებდეს და წერით გასცემდეს : და ერთი იყოს მნათედ კანდელაკად : რომელ ბრძანებისაებრ დეკანოზისა იმჭირვიდეს ეკლესიისა საკუმეველსა და ზეთსა და სანთელსა ზედაშესა და მჴჳმელსა · და შიშითა ღმრთისაჲთა წარაგებდეს ჯეროვნად : და დიდთა დღესასწაულთა ოდეს მსახურებაჲ ეკლესიისაჲ განმრავლდეს : სხუათაცა ძმათა მისცემდეს მამასახლისი თანა შემწედ მნათისა · და ერთი იყო[ს] კელრად [2] რომელ არს ოსტიგანი წესისაებრ მონასტრისა უზაკუელი და ერთგული რომელსი ჰქონდის კელსა * p. 48 თჳსსა პური და უგდური და * საწუნე და ზეთი თაფლი და სხუაჲ ყოველი საზრდელი და თჳთ წარაგებდეს შიშითა ღმრთისაჲთა :

35. და ერთი იყოს მემარნედ ვაჟინრად მოშიში ღმრთისაჲ მსახურებასა თჳსსა · და ერთი იყოს მეტრაპეზედ · ერთი მესტუმრედ ორნი მეუძლურედ მოხუცებულთა და სნეულთა ზედა მხედველად და მფუფუნებელად და ერთი რჩეული და ღმრთის მოშიშთაგანი იყავნ იპიტირიტად [3] ძმათა ზედა მხედველად რაჲთა იქცეოდის მონასტერსა შინა · და რომელნიცა ძმათაგან არა მოხრულ იყვნენ ეკლესიად ჟამსა ცისკრისა გალობისასა პირველ დაწესებულთა წართქუმისა · მათ სწავლიდეს და ასწრაფობდეს წარსლვად ეკლესიად რაჲთა არა უდებ იყვნენ · და სხუასა მისდა დაწესებულსა წინამძღუართაგან წესსა აღასრულებდეს · და ერთი იყოს მეპურედ და ერთი მზარაულად და ერთი მეკარედ :·

და სხუანი იყვნენ მგალობელად და მემკრედ და მეფსალმუნედ · და ესენი იყვნენ ერთ სულ და ერთ ზრახვა·ნებასა და შიშსა შინა ღმრთისასა და ურთიერთას სიყუარულსა და მორჩილებასა და მსმენელობასა წინამძღურისა * p. 49 მათისა შენებასა შინა და ხა*რგებელსა მონასტრისასა ·

[1] Δοχειάριος. [2] Κελλαρίτης. [3] Ἐπιτηρήτης.

და ნუმცა ვინ არს ამათგანი წინააღმდგომ გინა ურჩ სარგებელისათჳს[1] ეკლესიისა გინა სწავლისათჳს და მოძღურებისა სულიერისა· გინა კორციელისათჳს მსახურებისა მონასტრისა :

(7) თავი :·

მღდელთა : თჳს : ჟამის : მწირველთა : თუ : ვითარ : ჯერ : არს : გამორჩევაჲ : მათი : ანუ : მათ : ვითარ : უკმს : ჟამის : წირვაჲ :

36. ღირს არს წინამძღურისა და ძმათა ფრიადითა გამოძიებითა გამორჩევაჲ მღდელთაჲ და რომელნიცა წმიდად და სათნოდ და ღირსად იპოვნენ და განსრულებულად შიშითა ღმრთისაჲთა აღსრულებად საღმრთოსა მას საიდუმლოსა იგინი დააყენნენ ჟამის მწირველად : რაჲმეთუ მათ მიერ მოგუცემს კაცთ მოყუარე ღმერთი და მაცხოვარი ჩუჱნი მკსნელი იესოჳ ქრისტე კსნასა სულთა ჩუჱნთასა : ხოლო უკუჱთუ წარმდები ვინმე იპოოს მათგანი : და სცთეს წესსა მას შინა მღდელობისასა : დადუმენინ ეგე ვითარი იგი მღდელობისაგან და მის წილ სხუაჲ დაეწესოს ღირსი კაცი რიცხუსა მას შინა მღდელთასა აღმასრულებელად სა*ღმრთოსა მას საიდუმლოსა : ხოლო ცთომილი იგი * p. 50
გარეგან მონასტრისა სოხასტერთა შინა დაიწესოს· და მიცემულისაებრ მისდა· მამასახლისისა მიერ კანონისა ინანდეს· და შენდობასა და წყალობასა ღირს იქმნას· და ეგრეთღა დაიწესოს დასსა მას თანა ძმათასა რომელთა იგი არა აქუნდეს მღდელობაჲ· რომლისათჳს გაფუცებ ღმერთსა ცხოველსა და უბიწოსა დედასა მისსა· მამანო და ძმანო· რაჲთა არა ვის მიუშუათ უღირსებით ჟამის წირვად ეკლესიასა შინა ჩემსა : კუალად ნუცა შურისა მიერ შესმენითა· ნუცა სხჳთა რაჲთმე საეშმაკოჲსა მტერობისა მჳრის ზრახვითა განაძებთ ვის მღდელთაგანსა მონასტრით :

[1] ბრძგელისა.

არამედ ჭეშმარიტითა გამოძიებითა სცნობდით ცთომასა მღდელისასა · და ესრეთ განაძებდით :·

37. და ვინაჲთგან ყოველსავე საკმარსა თჳსსა კორციელსა ეკლესიისაგან აღიღებს მღდელი : ჯერ ესრეთ იყო რაჲთა ყოველთა დღეთა წელიწდისათა სასეფოდმცა წირვიდა · გარნა ჩუჱნ უმეტესისა სარგებლისა მათისათჳს ესრეთ განვაწესეთ რაჲთა ყოველთა საუფლოთა და სახელოვანთა
* p. 51 დღესასწაულთა სა*სეფოდ წირვიდენ :· და მათთჳს წირვიდენ რომელთათჳს განსაგებელსა ამას შინა ჩუჱნსა განგჳწესებიეს და სხუათა მათ მსგეფსისა დღეთა სამსა დღესა სასეფოდ წირვიდენ · ოთხშაბათსა : პარასკევსა და შაბათსა : რომელი ჩუჱნთჳს განგჳწესებიეს ჩუჱნთჳს იწირვოდის · და რომელი არა : ვისგანცა ეკლესიასა საწირავად საკმარი აეღოს და წინამძღუარმან და ეკლესიისა მნეთა უბრძანონ და განაწესონ მათთჳს წირვიდენ : კჳრიაკე დღე თჳთ საუფლოჲ არს : ხოლო სხუანი დღენი მღდელთანი არიან ვისიცა ენებოს მათთჳსცა წირვიდენ :·

(8) თავი :·

ტრაპეზისა : შემზადებისა : თჳს : და მსახურთა : დუმილით : და სიმშჳდით : მსახურებისა :·

38. ეგრეთვე ტრაპეზისაცა[1] საქმე და მსახურთაჲ კეთილად აღესრულებოდენ საზომსა მას ზედა რომელიცა საზრდელთათჳს განგჳსაზღვრებიეს : და ვითარ იგი აწ ჩუჱნგან
* p. 52 აღესრულების : და აქა * განჩინებით დაგჳწერიეს : გარნა წუთღა უპირატეს მსახურთათჳს გუნებავს განცხადებულად თქმად · და რომელნი იმსახურებიან : ესე იგი არს : რომელნი დასხდებიან ტაბლასა · და რომელნი ზედგანან მსახურებად : და ზედა მდგომელთა და გამგეთა კეთილად წესიერებისათჳს და სიმტკიცისა რაჲთა რომელნი ზედგომით ჰმსახურებდენ · მიმოსლვასა მათსა მყუდროდ იქმოდინ

[1] ტრაჲეზისა.

თჳნიერ რეხუებისა ფერჴთაჲსა : და რომელთა ინაჴედგას
ტაბლასა · დაწყნარებულად მიიღებდენ საზრდელსა · მათსა ·
რაჲთა ყოველივე სადიდებელად ღმრთისა იყოს · და მარი-
ლითა მადლისაჲთა კეთილად შეზავებულ · ხოლო პირვე
ლობაჲ და უკანაჲსკნელობაჲ რომელ არს ერთმანერთისა
ზემო ჯდომაჲ გინა ქუემო ჯდომაჲ არა აქა საძიებელ არს
არამედ თავადმან ღმერთმან განაგოს მერმესა მას ესე
ვითარი განკრძალულად : რაჲთა არა შფოთი და უწესოებაჲ
შორის შემოვიდეს : და ნუცა შეურაცხყოფენ ურთიერთას
უცხოჲთა რაჲთმე განზრახვითა · გარეგან წესისა სამონა-
ზონოჲსა · სავნებელად სულთა თჳსთა*თჳს · და ურთიერ- * p. 53
თასმცა : პატივ[1] სცემენ სიტყჳსაებრ მოციქულისა : ვით-
არმედ თჳთოეული თქუენი ნუ ხოლო თავისა თჳსისა
სარგებელსა ეძიებნ არამედ მოყუასისასაცა : და ესრე
სახედ ამაღლდეს სიმდაბლითა მით ბრძანებისა მისებრ
საუფლოჲსა · ვითარმედ რომელმან დაიმდაბლოს თავი
თჳსი იგი ამაღლდეს :·

39. ეგრეთვე წესსაცა წიგნის კითხვისასა ჟამსა ჭამისასა მტკიცედმცა იპყრობენ : და შუენივრად დუმლსა და სმენასა : და ნუმცა ამას შინა ოდენ აჩუენებენ მტკიცედ წესიერებასა · არამედ ყოველსავე საქმესა შინა და ადგილსა · შინა და გარე · და ყოველსავე საქმესა მათსა განკრძალულად მოქალაქობითა :

და ნუმცა იქმნების პურისა გინა ღჳნისა და სხუათა მათ სანოვაგეთა რომელ განწესეწულ არიან შეცვალებაჲ · უგულებელს ყოფითა და ჭელტობითა[2] · რაჲთა არა მიზეზ ექმნას მონაზონთა ამის მიერ შეცვალებად წესსა ამას ზოგად ცხორებისასა : და ჩუენ მიერ განწესებულისა ამის პირველ თქმულისა წესისა სხუად წესად ცვალებად :

40. რომლისათჳს * განწესებულსა ამას უჴდურისასა და * p. 54
ყველსა ხუთთა მათ დღეთა შინა მსგეფსისათა ვითარ იგი

1 Sic. 2 ჭელჭობითჲ.

თავითგანვე განგებულ არს ნუმცა დააკლებენ გინა სრულიად გარდასწყუჱდენ თჳნიერ მარხვათაჲსა : და ეგრეთვე ოთხსა საჯეროსა ნუმცა დააკლებენ : და სამი საჭმელი იქმნებოდის რაჲცა ღმერთსა მოეცეს : და ოთხი კრასოვოლი [1] სრულიად მიეცემოდის : მნებავს რაჲთა კჳრიაკესა დღესა უბრწყინვალესი დაეგებოდის ტაბლაჲ ვიდრე სხუათა მათ დღეთა : რაჲმეთუ მაშინ ღამესა ათევენ ძმანი და დაშურებიან : საუფლოჲსა აღდგომისა გალობასა შინა და ფსალმუნებასა და ეგრეთვე ზატიკთა შინა აღვსებისათა · და ათორმეტთა მათ დღეთა ქრისტეს შობისათა სამისა საჭმლისაჲ ჯერ არს ქმნაჲ გინა ოთხისაჲცა რაჲცა ღმერთსა მოენიჭოს · და მწუხრსა ყველი დაეგოს და თუ სხუაჲ რაჲმე დასაგებელი იყოს · და ორ კრასოვოლი იწდიოს მათ დღეთა შინა · უკუჱთუ კულა წინამძღუარმან ჟამისამან
* p. 55 დახედნეს და სხუაჲცა რაჲმე * შესძინოს და ჯერ იჩინოს ესრეთ განგებად მიშუჱბაჲ აქუს ჩუჱნგან ყოფად ამისა : რაჲთა დაიჴსნას ჭუვილი მათი რომელნი უნაყროვნესრე იყვნენ ·

41. და უკუჱთუ პრასტინთაგან ანუ საცხოვართა · გინა თუ ღმრთის მოყუარეთა ვიეთგანმე : ანუ თუ თჳსთაგან მამასახლისისათა გინა ძმათაჲსა ანუ მეგობართაგან მათთა რაჲცა გუარი ნუგეშინისსაცემელი საჭამადი გინა სასუამადი შემოვიდეს მონასტრად : ჯერ არს რაჲთა ყოველი იგი კელარსა მიეცეს და მან ჯერისაებრ განწესებულისა ამის წესისა წარაგოს საკმარად ძმათა ანუ თუ თჳთ მებრ ძღუნისა მის ოჳფალმან მოიღოს საზიაროსა მას ტაბლასა და ზოგად იჴმიონ და ესე ამისთჳს რაჲთა არა დაიჴსნას საკრებულოჲ წესი

და მომრთუმელი იგი ძღუნისაჲ მის და თუ სხუაჲ ვინმე სტუმარი ესტუმროს · ანუ თუ ხილვად მამისა გინა ძმათა მოვიდეს თჳსთა მათთაგანი გინა უცხოთაჲ : ანუ მეგო-

[1] Κρασοβόλιον.

ბართაგანი ჯერ არს ძმისა მის რომლისაცა თანა მოსრულ იყოს რაჲთა უკუეთუ ტაბლისა დაგებისა ჟამსა ესტუმროს მის თანავე საზიაროსა მას * ტრაპეზსა მიიყვამოს და * p 56
ვითარცა ენებოს მუნ პატივსცეს და სიყუარული აჩუენოს :

ხოლო უკუეთუ არა იყოს ჟამი ტაბლის დაგებისაჲ ანუ სტუმარი იგი ისწრაფდეს და არა ელოდის : წარიყვანოს იგი ძმამან მან კელარსა თანა და მუნ პატივსსცეს ჯერისაებრ : თუ არა არა ჯერ არს ძმისა წარყვანებად სტუმარი სენაკსა თჳსსა და მუნ სიყუარულისა ყოფად· და უკუეთუ მონაზონი ვისსამე სტუმრად მოვიდეს ჯერ არს მისსა სამ დღე განსუენებად და მეოთხესა დღესა საგზლისა ჩადებად და წარგზავნად გზასა თჳსსა : ხოლო უკუეთუ უძლურებაჲ შეემთხჳოს მას ჯერ არს დამჭირვად მისა და ფუფუნებად ვიდრე სრულიად განმრთელებადმდე : და უკუეთუ მონასტერსა შინა მიიცვალოს : ჯერ [არს] მისსა ლოცვითა და ფსალმუნებითა დამარხვაჲ წესისაებრ რაჲთა სასყიდელი მიიღოს ღმრთისაგან :

(9) თავი :·

შესამოსაისა[1] : თჳს : ანუ : სამოსლისა : ფასისა : თუ : ვითარ : ჯერ : არს : განყოფად : მამასახლისისაგან : ძმათა : და საკამროზლისათჳს :·

42. შემდგომად ამისა შესამოსლისა ფასისათჳს ვი*ზრუნეთ აღწერად· და კამლთათჳს დასაფარველთა კორცთაჲსა : და სხჳსა საკმრისა ყოვლისა : * p. 57

და გუენება რაჲთამცა არა იქმნებოდა ესე გაროქვითა· დაღაცათუ წარსაგებელი ფრიად უკმდა არამედ რაჲთა მიეცემოდის ესე ყოველი თჳთოეულსა წელიწადსა შინა უკლებად : ყოველთავე წესისაებრ თჳსისა რაჲთა არა აქუნდეს ძმათა მიზეზი განსლვად მონასტრისაგას ამათ ესე ვითართა საკმართათჳს მოსყიდად რაჲსამე ანუ კამლთა

1 Sic.

ძიებითა კარითი კარად რორინებად ანუ მეკამლეთა რუდუნებად ანუ სხუათაგან სადმე წარსლვად და ამათ მიზეზთაგან ვნებისა შემთხუჱვად და ძმათაგან კიდე ყოფად არამედ რაჲთა უფროჲსად უცთუნებელად დაადგრენ მსახურებასა ეკლესიისასა და მსახურთა მისთასა თანანადებისა აღსრულებითა და თუმცა შესაძლებელ იყო ჩუჱნგან ზემოთქმულისა მის აღსრულებად : რაჲთამცა წესისაებრ პატიოსნისა მონასტრისა პანაგიისა [1] ვჰყოფდითმცა განყოფასა შესამოსელთასა არა რაჲმცა უჯეროვნეს და უმჯობეს ამისსა იყო გარნა შეცვალებისაებრ და * p. 58 მო*მართებისა ჟამთა ამათ დაუმტკიცებლობისა განვაწესეთ ყოფად ესრეთ რაჲთა იყვნენ ძმანი სამ დასად განყოფილ და როქსა [2] აიღებდენ

43. წინამძღუარი მონასტრისაჲ აიღებდეს დრაჰკანსა ორმეოცსა : და ჟამის მწირველნი მღდელნი და ორნი იგი დიდნი იკონომოსნი და დეკანოზი და დოშიარი და სხუათა უთავესთა ძმათაგანნი რომელთაგან შეიქმნას რიცხჳ პირველისა დასისაჲ : ათხუთმეტი სული : და აიღებდეს თითოეული ამათგანი დრაჰკანსა ოცსა : ხოლო მეორე დასი იყავნ ეგრეთვე ათხუთმეტი სული : და აიღებდეს თჳთოეული ამათგანი დრაჰკანსა ათხუთმეტსა : ხოლო მესამე დასი იყავნ რიცხჳთ ოცი სული : და თჳთოეული ამათგანი აიღებდეს დრაჰკანსა ათსა : და ყოველი განძი როქისაჲ იყავნ სტამილონი [3] სრული :·

44. დაღაცა თუ შემოსავალი ყოველი ფერი მონასტრისაჲ სეკდენბერისა თუჱსა შეკრბების და აპეტის [4] იქმნების და მაშინ კმდა რაჲთამცა აიღეს ძმათა თავიეთ შესამოსლისა * p. 59 ფასი : გარნა ამისთჳს რაჲთა არა უნდეს ძ*მათა ვაჭრობისა გზითა მისლვაჲ ქალაქად : და განშორებად სამსახურებელისაგან მონასტრისა და გამოკუჱბად ლოცვისაგან : განვაწესეთ რაჲთა აიღებდენ განწესებულსა მას შესამოსლისა

1 Sic. 2 ‘Ρόγα. 3 Sic. 4 ’Απαίτησις.

ფასსა : დიდებულსა ქრისტეს აღდგომისა დღესა დიდსა კჳრიაკესა რომელ არს აღვსებისაჲ :· რაჲთა რაჲჟამს იგი ჩუჱნ მიერ განსაზღვრებული პანაგირი შეიქმნას პატიოსნისა მონასტრისა ჩუჱნისაჲ : მაშინ თჳთოეულმან მათ[გან]მან ვაჭრობაჲ თჳსი ქმნას და პანაგირსა მას იყიდოს რაჲცა უჴმდეს :·

და ვინაჲთგან როქითა იქმნა დაწესებაჲ შესამოსლისა მათისაჲ ამისთჳს ჯერ არს მიშუჱბისა მიცემად რაჲთა კელეწიფებოდის როქსა მათსა და ნამუჱლავსა ზედა ყოფად ვითარცა ენებოს : უკუჱთუ კულა ჟამთა ცვალებითა · გინათუ რომელსამე ჟამსა წინამძღუარმან ეგრეთ ჯერ იჩინოს რომელ როქსა [1] წილ შესამოსელსა მისცემდეს ძმათა : იპყრას კუალად ზემო დაწერილი წესი პანაგიელთაჲ რომელი სწერია მეოთხესა თავსა რაჲთა არა აქუნდეს ძმათა კელმწიფებაჲ ნამუჱლავსა განცემად ვისსაცა გარნა მამასახლისსავე შეუქციოს :· * * p. 60

(10) თავი :·

სამთა : მათ : ორმეოცთა : მარხვათა : წმიდად : მარხვისა : თჳს : და გლახაკთა : მიმართ : წყალობისა : ყოფისა : თჳს : ყოველთა : დღეთა :·

45. ხოლო სამთა მათ წმიდათა ორმეოცთა მარხვისა დღეთა ულჳნოდ და უზეთოდ ჯერ არს მარხვაჲ თჳნიერ შაბათ-კჳრიაკეთაჲსა რომელსა შინა ნუგეშინის საცემელად ძმათა ჟამსა ჭამისასა სასუმლი [2] განწესებულ არს და თჳთოეულსა დღესა საზრდელისა განყოფაჲ კარსა ზედა მონასტრისასა მყოფთა ძმათა ქრისტესთა რომელ არიან გლახაკნი : რაჲმეთუ იგინი არიან მიზეზნი ცხნისა ჩუჱნისანი და მომატყუჱბელნი მერმეთა მათ კეთილთანი :·

დიდთა უკუჱ მარხვათა შაბათ-კჳრიაკეთა შინა იგივე ზომისა [სა]მარხოჲ სანოვაგე დაეგებოდ[ი]ს თჳნიერ თევ-

1 Sic. 2 Sic.

ზისა და კრასაული სრულად მიეცემოდის : ხოლო ხუთთა მათ დღეთა თჳნიერ ზეთისა იმარხვიდენ : ხოლო სამშაბათსა და ხუთშაბათსა თჳთო კრასაულსა სუმიდენ :·

* p. 61 **46.** ხოლო ქრისტეს შობისა მარხვათა ერთ გზის ჭამდენ დღესა შინა და იგიცა მეცხრესა ჟამსა : და დღესა რომელსა შინა ღმერთი ოჳფალი ითქუმოდის ორორსა კრასაულსა სუმიდენ სამხრად · და თითოსა მწუხრი : გარნა სამთა მათ დღეთა მსგეფსსა შინა განვაყენებთ ზეთისაგან [:·]

ეგრეთვე ამითვე სახითა წმიდათა მოციქულთა მარხვასა იმარხვიდენ სამთა მათ დღეთა უზეთოდ და ზოგად ყოველნი ჭამდენ ერთ გზის დღესა შინა მეშჳდესა ჟამსა და სუმიდენ ორორსა კრასაულსა და თჳთო კრასაულსა მწუხრი სერობასა :·

(11) თავი :·

დღესასწაულისათჳს : ეკლესიისა : ჩუჱნისა და სხუათათჳს : საუფლოთა დღესასწაულთა : და სახელოვანთა : წმიდათასა : რაჲთა : ბრწყინვალედ : დღესასწაულობდენ :

47. განვაწესეთ ყოფად დღესასწაული ეკლესიისა ჩუჱნისაჲ : დღესა მიცვალებისა ყოვლად წმიდისა ღმრთის მშობელისასა : და მნებავს რაჲთა ყოველნი საუფლონი დღესასწაულნი ესრეთ მოწიწებით და ბრწყინვალედ იქმნებოდენ * p. 62 ვითარცა ჰშუჱნის დიდ*სა მას და სახელ განთქუმულსა ეკლესიასა ჩუჱნსა : ეგრეთვე დიდ დიდთაცა მოწამეთა და წმიდათა საჴსენებელი : და იგივე გლახაკთა მიმართ ქველის საქმისა მიცემაჲ : რომელი განთჳსებულად ყოველთა დღესასაწაულთა განგჳწესებიეს თჳთოეულსა დღესასწაულსა ნუმცა დაიხრწევის : რომლისა საზომი განთჳსებულად დასასრულსა ამის ტიპიკონისასა დაგჳწერიეს სახელ დებით თჳთოეულისა დღესასწაულისაჲ :·

48. ხოლო უფროჲსღა უმეტესად პატივ იცემებოდენ დღესასწაული მიცვალებისა ყოვლად წმიდისა ღმრთის

მშობელისაჲ : რომლისათჳს ვაფუცებ ყოველთა შემდგომად ჩუჱნსა მომავალთა რაჲთა არა რაჲთა სახითა არა დააკლებდენ : არამად შესაძლებელ თუ იყოს მათგან უმეტეს და უბრწყინვალეს აწინდელისა ამის ჩუჱნზე ყოფილისა პატივსცემდენ და დღესასწაულობდენ : რაჲმეთუ დღესასწაულის მოყუარენი და რომელნი დღესასწაულობდენ დიდთა ნიჭთა მიიღებენ ღმრთისაგან და წარუვალთა კეთილთა დაიმკჳდრებენ : და საღმრთოთა მადლთა მიემთხუჱვიან : ეგრეთვე სხუათაცა წმიდათა დღესასწაულსა ჰყოფდენ ბრწყინვა- * p. 63
ლედ :·

(12) თავი :·

კანდელთა : მიერ : და სასანთლეთა : გაბრწყინვებისა : თჳს : წმიდისა : ეკლესიისა : ჩუჱსისა : თუ : ვითარ : ჯერ არს : და ლოცვისა : თჳს : რაჲთა : არა : რას : შეექცეოდინ : ლოცვასა : შინა :·

49. ჯერ არს უკუჱ რაჲთა მარადღე[1] ყოველთა დღეთა და ღამეთა წინაშე ხატსა წმიდისა ღმრთის მშობელისასა : სამნი კანდელნი დაუვსებლად ენთებოდინ· და ერთი დიდსა საკურთხეველსა· და ერთი წინა კანკელსა ჯუარცმისა ხატსა წინაშე· და ერთი ნათლის მცემელისა ხატსა წინაშე ეგუტრისა მისისა კარსა· და ერთი წმიდისა გიორგისა : და ზედა საფლავსა სამარხოსა ჩუჱნსა სამი კანდელი : და ყოველთა დღეთა წელიწდისათა ცისკრისა ლოცვისა ჟამსა და სამხრისასა და მწუხრისასა : ამათ ზემო თქმულთა კანდელთა თანა თჳთო სანთელი ენთებოდის ვიდრე ლოცვისა განსრულებადმდე : და რაჲ ლოცვაჲ გაასრულონ : სანთელნი დაივსნენ : ხოლო კანდელნი დაუვსებელადმცა ენთებიან :·

ეგრეთვე ყოველთა დღეთა სამთა მათ ჟამთა ლოცვისათა

1 Sic.

საუფლოთა მათ ათორმეტთა დღესასწაულთა წინაშე კან-
* p. 64 დე*ლნი ენთებოდინ ვიდრე ლოცვისა განსრულებადმდე : და ეგრეთვე სახელოვანთა მათ საუფლოთა დღესასწაულთა რაოდენნიცა კანდელნი ეკიდნენ ეკლესიასა შინა აღენთნენ : და რავდენნიცა სასანთლენი იყვნენ სანთლითა აღივსნენ · და დღესასწაულსა ეკლესიისა ჩუჱნისასა უმეტესადღა იქმნებოდის აღნთებაჲ : და სხუათაცა საუფლოთა დღესასწაულთა იქმნებ[ოდის ლოცვ]ითა და ფსალმუნებითა და სულნელებითა : და ბრწყინვალედ აღსავსე ტრაპეზი დაეგოს რაჲცა ღმერთსა მოეცეს :

50. ხოლო დიდების მეტყუელებისათჳს ღმრთისა და ლოცვისა ვითარ იგი განგებულ არს და განწესებულ რად საკმარ არს თქუმად : ვითარმედ ვითარცა ხარკსა და თანა ნადებსა საღმრთოსა ესრეთ ჯერ არს გარდაკმაჲ · [1] თანა წარუვალად : და ვითარცა ღმრთისა მცნებათა აღსრულებაჲ : და საუკუნოდ უცთომელად დამარხვაჲ რაჲთა ურთიერთას მოჳკდიდენ და მტკიცედ დაიმარხვიდენ პირველ ყოვლისა წესსა წმიდისა მის დიდების მეტყუელებისა ღმრთისასა :
* p. 65 კანონისა ებრ შჯულის დებისა ვითარ იგი უპყრიეს * ძმათა პატოსნისა მონასტრისა პანაგიისათა : ჟამსა ცისკრისასა და ხამხრისასა მწუხრისა და სეროზისასა : და დღისაცა განწესებულთა ჟამთა შემდგომებით მათითურთ : და უფროჲსღა საღმრთოჲსა მის საჲდუმლოჲსა შეწირვისა : გარნა ნუმცა ჳყოფენ ურთიერთას სწრობით ფსალმუნებასა მას : ნუცა პირველ განსრულებისა · ერთისა კერძისა მემკრეთა მიერ გალობისა · მეორისა კერძისანი დაიწყებენ : არამედ ჯეროვნად წესსა ზედა მათ მიერ განწესებულსა და აქამებრ საცნაურ იქმნას გარდამავალი მცნებათაჲ და შევარდეს წყევასა ქუჱშე მამათასა ვითარცა შეურაცხის მყოფელი ბრძანებათა და შინებათა ღმრთისათაჲ : რაჲმეთუ არა ხოლო თუ ჩუჱნისაგან ოდენ არამედ შჯულისაგან და მცნებისაც[ა] ღმრთისა გამოჩნდეს უცხო ქმნული :

1 Sic : გარდაზდაჲ.

ხოლო ამას ვიტყჳთ არა მათთჳს რომელნი მიზეზითა რაჲთამე ჯეროვნითა საქმესა რასმე შექცეულ იყვნენ ანუ უძლურებასა ანუ [ნუ]გეშინისცემასა ძმათასა ანუ სტუმა * * p. 66 რთა შეწყნარებასა გინა თუ ღუწოლასა გლახაკთასა : არამედ განვაფრთხობთ უდებთა და განვაშორებთ მცონარებისაგან : ვითარცა სრულიად გარდამავალთა შჯულისათა :

51. ხოლო შემსგავსებულად მცნებისა ამის ვამცნებთ მონაზონთაცა რაჲთა იმარხვიდენ წესიერად დუმილსა ყოველსა ჟამსა და უფროჲსად ჟამსა წმიდისა ლოცვისასა რაჲთა არა ვის მიეშუას უბნობად ერთი ერთისა ჯეროვნად გინა უჯეროდ : ანუ სიცილად ვიდრემე[1] განღიმებამდეცა გინა თუ კმა მაღლობად რაჲმე უწესოდ და ამის მიერ განრყუნად შუჱნიერსა მას გალობისა კმასა· და სმენისა მყუდროებასა : და თანაშემწე ეშმაკთა ყოფად· რაჲმეთუ მათი არს მებრ ესე საქმე· ნუცაღა კუალად შეექცევიან სხუასა რას ლოცვასა შინა : არამედ ჯეროვნად და შეუძრველად სულით და კორცით საღმრთოსა მას მსახურებასა შექცეულნი შესწირვენმცა ღმრთისა მიმართ სულიერსა მას გალობასა :

ხოლო უკუჱთუ ვინ რაჲთურთით ამას მცნებასა შეურაცხ ჰყოფდეს : კანონსა მას ქუჱშე იყავნ შევრდომილ და წმიდათა მამათა მიერ დადებულითა წესითა განიკანონნენ :· ამასთანა ჯერ არს კჳრიაკის ძალთა ღამის თევაჲ ლოცვითა და ფსალმუნითა და წიგნის კითხვითა :· * * p. 67

(13) თავი :·

ვითარმედ ჯერ არს ყოველთა დღეთა : აღსაარებად : ძმათა წინამძღურისა : თანა : გულის : სიტყუათა : და საქმეთა : და ყოველთა : ცთომათა : მათთა : რაჲცა : ექმნას :·

52. ფრიად ჯეროვან და სათანადო არს წინამძღურისა რაჲთა განიკითხვიდეს ყოვლადვე გულის სიტყუასა ძმათასა

[1] ვიმი.

და არავის მათგანსა შეურაცხ ჰყოფდეს რომელნი იგი შეურვებულ და შეიწროებულ იყვნენ გულის სიტყუათაგან : არამედ გამოჰკითხვიდეს მარა დღე· და ნუგეშინის სცემდეს სულთა მათთა ყოვლისაგან შებღალვისა სულიერისა და კორციელისა : და ეგრეთვე ძმათა თანა აც სარწმუნოებით შემუსრვილითა გულითა და სულითა წრფელითა· გამოცხადებად მისა ყოველთა ცთომათა და წყლულებათა თჳსთა : და არა წარსლვად· და აღსაარებად სხუაგან სადა ვითარცა უცხონი და არა შვილნი მამისანი· და ესრეთ სივერაგით ზაკულებად აღსაარებისა მიმართ : რაჲმეთუ წინამძღუარისა ჯერ არს რაჲთა იცოდნის ყოველთა გულის სიტყუანი : და სხუაჲ ყოველი სიმტკიცე საქმისა მათისაჲ : და არა სხუასა ვის თანა ჯერ არს გამოცხადებად გულის სიტყუ-
* p. 68 ათა : * თჳნიერ წინამძღურისა ხოლო :

53. და კუალად ნუ ვინ ძმათაგანი თავით თჳსით თჳნიერ ნებისა და გამორჩევისა წინამძღურისა კელ ჰყოფს სამსახურებელსა რასაცა[1] რაჲთა არა მომატყუჱბელ სიკუდილისა ექმნას თავსა თჳსსა და სხუათა სახე ურჩებისაჲ მისცეს· ვინაჲთგან იგი არა უწყოდის წინამძღუარმან ნებაჲ გულის ზრახვათა მისთაჲ· რაჲმეთუ არა უწყის თავით თჳსით გამომრჩეველმან უმჯობესი თჳსი : რაჲმეთუ რომელსამე ესრეთ სათნო რაჲმე უჩნს· და რომელსამე ეგრეთ და არა უწყის გამორჩევაჲ კეთილისაჲ· ვინაჲთგან იგი მას ვისმე ესე[2] ვინმე ჰშუჱნინ თანა შემწედ საქმისა· და მას ვისმე სხუაჲ ვინმე· და ამას ყოველსა სიბრძნე უკმს და საწინამძღუროჲ განკითხვაჲ· რაჲმეთუ მან უწყის ყოვლისავე კეთილად განგებაჲ :·

54. აწ უკუჱ ოდეს იგი ურჩ ვინმე იპოვნენ ძმათაგანნი და ნებისა თჳსისა გამორჩევისა მოყუარე ვითარ უკუჱ აზნაურად შვილად იწოდნენ სულიერისა მის მამისა ვინაჲთგან თჳთ ნეფსით თჳსით უცხო ჰყოფენ თავთა

[1] სიახცა, სიახკცა? [2] ესე bis.

თჳსთა მამულისაგან სამკჳდრებელისა : და მტყუვრად * * p. 69 გამოჩნდებიან აღთქუმათა თჳსთა ღმრთისა მიმართ : რაჲმეთუ რომელი მცირესა ზედა ურწმუნო იყოს იგი დიდთაცა მცნებათა ზედა მცთომ და ურწმუნო იქმნების : და მის ზედა სათქუმელ არს ჟამსა თჳსსა სიტყუაჲ მოციქულისაჲ· ვითარმედ ურწმუნოჲ იგი განთუეყენებოდის განეყენენ· მსგავსად იგავისა ლეღჳსა მის ვითარმედ და ადგილიცა რაჲსათჳს დაუპყრიეს უქმად ცუდითა უნაყოფოებითა : რაჲმეთუ არაჲ არს უბოროტესი ვითარ იგი ურჩ ექმნებოდის ვინ უხუცესსა თჳსსა · და უჯეროთა მეტყუელებდეს წინააღმდგომად მისა : ესე ვითარი იგი აღიკოცენ შორის ძმათა : რაჲთა არა მოყუასთა თჳსთა სახე ბოროტისა ექმნას· და მოძღუარ ურჩებისა· ოდეს იგი არა ოდეს იქმოდის ნებისა ებრ წინამძღურისა· არამედ ნებასა ხოლო თჳსსა აღირჩევდეს :·

55. ხოლო უკუეთუ წინამძღუარი არა იყოს მღდელი : გარნა ლიტონი მონაზონი იყოს : და უმეცარი შჯულსა მას კანონთასა : და რაჲმეთუ ჴელსა შინა მღდლისასა არს შეკვრაჲ და განჴსნაჲ· ჯერ არს წინამძღურისა რაჲთა გამოირჩიოს მღდელთაგან უმჯობესი და მოღუაწე და მეცნიერი შჯულსა მას კანონთასა : და იგი განაჩინოს სულიერად მოძღურა*დ ყოველთა ძმათა· რაჲთა წინამ- * p. 70 ძღურისა წილ მას უთხრობდენ და აღუარებდენ ყოველთა ცთომათა და გულჲს სატყუათა თჳსთა :·

(14) თავი :·

ჴელთ : საქმრისა : თჳს : და შრომისა : და ვითარმედ : ჯერ : არს : ფსალმუნებაჲ : შრომასა : შინა [:·]

56. და მათდაცა რომელნი იგი კორციელად შურებოდინ თანა აც ფსალმუნებისა არა დაცადებაჲ· არამედ რაჲთა ჴელთ საქმარსა მას შინა თანა ილოცვიდენ ყოვლადვე პირითა : რაჲმეთუ იგი არს საკუმეველი საჲდუმლოდ

შეწირული ღმრთისა ბრძანებისაებრ დიდისა ბასილისა : და მომხდელ თანა შემწეობასა მას ანგელოზთასა· რაჲმეთუ სახლსა შინა სამეუფოსა მრავალი ჭურჭელი არნ· რომე-ლიმე ოქროჲსა და ვეცხლისაჲ· და რომელიმე კეცისაჲ· ამის თჳს ფრიადი სიბრძნე უჴმს წინამძღუარსა· ჩუჱნებად მათდა გზასა ჭეშმარიტებისასა რაჲმეთუ მრავალ[1] სახეთა მიერ გზათა ჯერ არს ჩუჱნდა შესლვად სასუფეველსა ცათასა : რაჲმეთუ რომელიმე ამას წარჳმართებს სათნოებასა და სხუაჲ სხუასა· და სხუაჲ რომელიმე ყოველსავე· რაჲმეთუ რომელთამე შერისხვაჲ ჯერ არს უხუცესისაჲ· და რომელთამე შერჩულვაჲ[2]· და რომელთამე წყლულებისა
* p. 71 განკუჱ*თაჲ ძხილებისა მახჳლითა და ყოველთავე საზო-მისაებრ ჯერ არს ქმნად და ჟამსა ჯეროვანსა : და რომელ-თამე საქმესა და შრომასა ჴორციელსა ჯერ არს დადგინებაჲ: რომელნი იგი გონებითა დაუმტკიცებელ და ულმობელ იყვნენ· რაჲთა ნეფსით და უნებლიაჲთ შრომითა მიე-ახლნენ ღმერთსა· რაჲმეთუ სული შრომის მოყუარე მახლობელ არს ღმრთისა და ადრე მიიღებს კურნებასა :·

(15) თავი :·

არა : განსლვისათჳს ძმათაჲსა : მონასტრით : თჳნიერ : ბრძანებისა : უხუცესისა :·

57. ხოლო რომელნი დაუდგრომელ იყვნენ ძმათაგან არა მიუშუას მათ წინამძღუარმან ნებისაებრ მათისა განსლვად და რორინებად ვინაჲცა ენებოს ცნობისა სისუბუქითა არა-მედ რომელნი წარმდებობდენ ესე ვითარითა ჩუჱულებითა· ჯერ არს დაყენებაჲ მათი ბრძანებისა ებრ წმიდათა მათ და ღმრთივ დადებულთა კანონთაჲსა : და არა ამას შინა ხოლო ჯერ არს წურთაჲ მათი· არამედ სხუასა ყოველსავე შინა საქმესა ურჩებისა და უსმენელობისასა· რაჲთა
* p. 72 ჯეროვნად * და სამართლად იქცეოდინ წესისაებრ მონა-

[1] ჰრვია ?   [2] შერჩუიავაჲ.

ზონთაჲსა : რაჲმეთუ ხარკად ზედა აც ყოველთა მწყემსთა კრებულისათა · არა გარდასლვად მათდა დადებულსა ამას საზღვარსა არამედ რაჲთა ამით წესითა ჰმწყსიდენ სულიერთა მათ სამწყსოთა მათდა რწმუნებულთა : ესე იგი არს შეცოდებულთა მათ განკანონებად სინანულითა · და ზრუნვად მათთჳს თანა მოლმეობით · ყოვლითა გულითა და ყოვლითა გონებითა ვითარცა ასოჲს მოდგამთა თჳსთა რაჲთა არა შევარდენ[1] სასჯელსა ღმრთისასა : რაჲმეთუ ყოველი ბრძანებული წინამძღურისაჲ შჯული არს თანა წარუვალი : და ვითარცა შჯულსა ღმრთისასა ესრეთ ჯერ არს შეწყნარებაჲ მორჩილთა კრებულსა ყოველსავე მის მიერ ბრძანებულსა · და რაჲთა არა რაჲთა უდარესად შეჰრაცხონ ღმრთივ დადებულსა შჯულსა : რაჲმეთუ არა ჯერ არს გამოწულილვაჲ ბრძანებათა მისთაჲ : არცა წინააღდგომაჲ გინა კდომაჲ[2] რომელ ესე უწინამძღურობისა და თავკედობისაჲ არს სასწაული[3] და უწესოებაჲ · რომელი იგი აღაშფო*თებს · და დაგსნის ყოველსავე * p. 73 კეთილსა : რომელთაცა ზედა სასჯელი ღმრთისაჲ სამართალ არს ესე ვითარისა მოქმედთა ზედა : ·

58. ამისთჳს უკუჱ ამასცა ვიტყჳ და განვაჩინებ ნებისაებრ ღმრთისა · არა ვის სხჳსა მნებავს მთავრობად გინა ჴელმწიფებად მათ ზედა : არცა წესსა მას მორჩილებისასა : მნებავს დაგსნად ოდესვე : რაჲმეთუ არა ჯერ არს მონაზონისათჳს სხუაჲ რაჲმეს სიტყუაჲ · რქუმად · წინამძღურისა გარნა ესე ხოლო : ვითარმედ ვცოდე მომიტევე : რაჲმეთუ რომელნი ესრე სახედ მონაზონებდენ : და ამას წესსა ზედა ერთობით ეგნენ · მშჳდობაჲ იყავნ მათ ზედა · და წყალობაჲ ღმრთისა მიერ : ·

59. უკეთუ კულა ემხილოს ვისმე : ძმათაგანსა : და არა ინებოს ყოფად კანონსა მას ქუჱშე განსაზღვრებულსა არამედ წინა აღუდგებოდის და უმეტესად ფიცხოოდის :

[1] შევარდეს. [2] კდსჲმაჲ? [3] სსწლი.

და ურგებად შეჰრაცხოს მხილებაჲ იგი უხუცესისაჲ[1] : და არა უფროისღა შესაძინელად და სარგებელად თჳსად გულისჴმა ყოს შერისხუაჲ მისი : და წინა განეწყვებოდის მწყემსსა მას და მკურნალსა · და მხილებასა მისსა არა * p. 74 თავ*ს იდებდეს : და ამისთჳს ცხადად გინა თუ ფარულად უკდებოდის მას მტერობით რომელი ესე მე არა მნებავს : რაჲმეთუ სენითა საეშმაკოჲთა არს სნეულ ესე ვითარი რომელი ასუმიდეს მოყუასსა თჳსსა მრღჳესა : რომლისა ძლით განბძარვაჲ[2] და განყოფაჲ მრავალ გზის შეემთხუევის გუამსა[3] მას ეკლესიისასა : ესე ვითარი იგი უკუეთუ შემდგომად ერთ გზის გინა ორგზის და სამ გზისცა შერჩულვისა და განკანონებისა განუმართებელად ეგოს თჳსსავე ზედა თავკედლობასა ვითარცა ასოჲ დამპალი განიკუეთენ · და განეშორენ სამწყსოჲსა მისგან საღმრთოჲსა :

კუალად ამისსა შემდგომად თანა აც ცნობად მნესა მას სულიერსა რომელ არს წინამძღუარი და მოსწრაფებისა ჩუენებად ჟამსა და უჟამოსა და სიტყჳსაებრ სამოციქულოჲსა : ყოვლითა სულგრძელებითა გამოცდად ყოვლისა · და გამორჩევად კეთილისა და განშორებად ყოვლისაგან საქმისა ბოროტისა : და არა უგულებელს ყოფად მცირეთა ცთომათა ვიეთთამე რაჲთა არა მცირემან მან ცომმან ყოველი აღსუარული აღაფუვნოს სიბო[რო]ტედ :

* p. 75_{1-12} **60.** და კუალად უკუეთუ დიდ დიდთა ვინ მოღუაწება*თა ძელ ყოს თავით თჳსით გამორჩევითა : და შეურაცხ ყოს მამათა მიერ დადებული ესე წესი · რომელი პირველითგან გამოცადეს[4] და გამოირჩიეს : და მომცეს ჩუენ საღმრთოდ ნამარხევად ვითარცა ჭეშმარიტად უცდომელი და საშუვალი სამეუფოჲ გზაჲ · რომელ არს განშორებაჲ თჳთ რჩულებისაგან · რაჲმეთუ თჳთ რჩული ყოველი მარადის მცთომ არს · და გამოუცდელ და დაუმტკიცებელ : ამისთჳს უკუე საცნაურ არს ვითარმედ ვითარცა იგი მორჩილი სიტყჳსა

[1] უცესისაჲ. [2] განძარვაჲ. [3] ეუამსა. [4] Sic.

და საქმისა მიერ გამოცდილ არს ყოველსავე შინა და შეურყეველ ეგრეთვე არა შესაწყნარებელ არს საქმე მათი · რომელნი იგი გარეგან წესისა ჰყოფდენ რასაცა :·

61. მათთჳს რომელნი იგი მა*ჩუჱნებლობით ილოცვენ * p. 77_9
შორის კრებულსა ვითარცა იგი ორგულნი :·

ოჳკუჱთუ იყვნენ ვიეთნიმე რომელნი გარეგან ნებისა ზოგად ცხორებათაჲსა[1] და თჳნიერ სწავლისა წინამძღურისა შორის კრებულსა სახესა მოღუაწებისასა აჩუჱნებდენ : ლოცვისა მიზეზითა რაჲთამცა დაარწმუნა მხილველთა · ვითარმედ იგინი არიან უპირატესნი · და მოღუაწენი ძმათა შორის : და ესრეთ მოიპარვიან ცთუნებულნი სულთაგან ბოროტთა : რომელთა მიმართ არს ბრძოლაჲ ჩუჱნი სიტყჳსაებრ მოციქულისა რომელი იგი ბნელ არს და ნათელსა იჩემებს : და ესე სიტყვაჲ კმა არს სახისა მოცემად ჩუჱნდა რაჲთა ვანვეკრძალნეთ :

62. და კუალად რაჲმეთუ წმიდისა მის და ყოვლად პატიოსნისა მონასტრისა პანაგიისა წესისაგან განსწავლულ ვართ * განცხადებულად : და მათგან ჯერ არს სახისა * p. 78
მოღებად რომელთა სრულ ყოფაჲ გუნებავს : და კუალადცა ვთქუა ყოველსავე შინა ჯერ არს გამოცნობაჲ · და ყოვლითა სახითა შერჩულვაჲ · და კეთილისა მიმართ წარმართებაჲ და გონებისა [ა]ღმაღლებაჲ ქუჱყნიერთა ზრუნვათაგან · რაჲთა გამოწულილვისა და ბრძანებისაებრ წინამძღურისა იქმნებოდის ყოველივე : რაჲმეთუ მის მიერი განწესებაჲ და გამორჩევაჲ ღმრთისა მიერ თჳსებაჲ არს : ვითარცა იგი ამისგან განშორებაჲ ცუდ არს და ამაო : და ამას ამისთჳს ვიტყჳ : რაჲმეთუ გონებისაჲ ჯერ არს მარადის დაცვაჲ გულის სიტყუათაგან ბოროტთა · რაჲმეთუ მის გამო იქმნების წარმართებაჲ ბოროტისა ძიმართ და კეთილისა : ამისთჳს თანა აც განშორებაჲ ბოროტისაგან და კეთილისა

[1] ცხორებუათაჲსა, forsan ცხორებულთაჲსა.

მიმართ მოსწრაფებაჲ : რომლისა მიერ ესოდენი ნაყოფი
სიწმიდისაჲ და სიმართლისაჲ იქმნების : ვითარცა იგი
ღაღადებს დიდი იგი ჴმაჲ ტარსუნელისა მის ნესტჳსა
პავლესი : და გუაუწყებს თუ რაჲა[1] ნაყოფი სულისაჲ·
რომელ არს სიყუარული სიხარული მშჳდობაჲ სულ გრძე-
ლებაჲ· სიტკბოებაჲ და შემდგომი ამისი :·

* p. 79_{1-7} **63.** ხოლო თჳთ რჩულობით მოღუაწებასა * და საჩუჱ-
ნებელად[2] ქმნილსა რომელსაცა სახილველად კაცთა მაჩუჱ-
ნებლობით[3] იჩემებდენ· შეუდგს მარადის საცთური· და
აღმოცენებაჲ სიცრუვისაჲ· რაჲმეთუ გარეშეთა მიმართ
ეჩუჱნების ცუდისა დიდებისა შედგომითა რომელთა აღსას-
რული საშჯელსა შინა არს· რომელნი იგი დიდ დიდთა
განიზრახვენ თავთა თჳსთათჳს რომელ ესე უძჳრეს არს
* p. 75_{12} უფრ*ოჲს ყოვლისა : რაჲმეთუ მხილველთა ოდენ მოიმად-
ლებს მტყუარითა მით და არა ჭეშმარიტითა მოღუაწებითა :
რომელსა იგი გარეგან მცნებისა მამათასა იქმოდინ· ვითარ-
ცა იტყჳს წინასწარმეტყუჱლი : ვითარმედ უკუჱთუ მოი-
დრიკო ქედი შენი ვითარცა გრკალი· და შთაიცუა ძაძაჲ ანუ
თუ ნაცარი დაირეცო ქუჱშე შენსა არცა ესრეთ ვისმინო შენი:
რაჲმეთუ არა ესე ვითარი მარხვაჲ გამოვირჩიე იტყჳს ოჳფა-
ლი : არამედ დაუნეცუჱ მშიერთა პური შენი· შეიყვანენ
გლახაკნი სართულსა შენსა : შემოსენ შიშუჱლნი· და სახლე-
* p. 76 ულთაგან შენთა თუალსა შენსა ნუ გა*რე მიიქცევ და ესრეთ
სათნო გიყოს შენ· რაჲმეთუ რაოდენცა ვინ დაიმდაბლოს
უმრავლისა[4] წყალთა ზღჳსა უფსკრულთაჲსა მყუდროებით
გარდაჰმატოს შრომათა[5] სიმართლისათა : რაჲმეთუ რა-
ოდენცა ვინ წარჰმართოს თავი თჳსი მოღუაწებითა· ეგო-
დენცა ამაღლდეს ზეცად მიმართ· და მსგავსად არწივისა
მაღლად მფრინვალისა სიმაღლედ ზეცისად აღვიდეს რაჲ-
მეთუ სიმდაბლე მარადის საქმეთა თავისა თჳსისათა

[1] Sic. [2] სქუჱნებელად, vid. p. 9. [3] Sic. [4] იმრავლისა.
[5] Sic.

გამოიძიებს [1] · და თავსა ხოლო თჳსსა მიხედავს და მას დაშჯის :

64. რაჲმეთუ ესრეთ არს მებრ [2] შჯულის დება წმიდათა მამათა ჩუჱნთაჲ · და მიზეზი შესავალთა მათ სასუფევლისათაჲ · რომელი მიმიყვანებს ჩუჱნ განმზადებულთა მათ ადგილთა განსუჱნებისათა რომელთაცა არა ხოლო თუ შჳდთა მათ ამის საწუთროჲსა ჟამთა არამედ მერვისა მისთჳსცა საუკუნოჲსა მიეცეს ნაწილი სიტყჳსაებრ სოლომონისა და კუალად ამას თანა საუფლოჲცა იგი მაცხოვრისა ბრძანებაჲ : ვითარ იგი გუასწავლის და იტყჳს · ისწავეთ ჩემგან რაჲმეთუ მშჳდ ვარ და მდაბალ გულითა · აღიღეთ უღელი ჩემი თქუჱნ ზედა რაჲმეთუ ტკბილ არს და ტჳრთი ჩემი მცირე : და ჰპოოთ განსვენებაჲ სულთა თქუჱნ*თაჲ : * p. 77_{1}-
რაჲმეთუ არა ხოლო თუ მერმეთა მათ კეთილთა მოგუცემს ჩუჱნ ღმერთი · არამედ ამასცა ცხორებასა მოგუმადლებს და წარგჳმართებს · უკუჱთუ ვყოფდეთ ნებასა მისსა :

რომელთა ესე თანა გუაც რაჲთა ყოველსავე კეთილსა ნიჭსა და განმარჯუჱბასა ჩუჱნსა ღმერთსა მივაჩემებდეთ · და მას შევჰვედრებდეთ თავთა ჩუჱნთა და მას ვიგონებდეთ მარადის · და იყოს ადგილი ჩუჱნი მშჳდობით და სამკჳდრებელი ჩუჱნი სიონს · რაჲმეთუ მუნ შემუსრნეს ოჳფალმან ძალნი მშჳ*ლდთანი საჭურველი მახჳლი და ბრძოლაჲ · * p. 79_{7}
მუნ არს სარწმუნოებაჲ სასოებაჲ და სიყუარული · მუნ საღმრთოჲსა მის სიყუარულისა ტრფიალებაჲ და განათლებაჲ : რაჲმეთუ განმანათლებელ არს იგი საკჳრვლად მთათაგან საუკუნეთა :·

65. აწ უკუჱ ტრაპეზისა [3] სანოვაგეთათჳს და სისწორისათჳს მსახურთაჲსა და ზოგად ყოველთა ძმათა კეთილად წესიერებისათჳს და სიმტკიცისა და სხჳსა ყოვლისა განგებისათჳს აქამომდე აღიწერა (?) და განიწესა ჩუჱნ მიერ ·

ხოლო საეკლესიოთა წესთათჳს ვინაჲთგან ცხად არს

[1] გამოეძიებს. [2] მებთ. [3] ტრაჲეზისა,

ყოველთა მიერ შემოკლებულად ვთქუა ვითარმედ ჯერ არს მსახურებისა მის ფსალმუნებისა შეწირვაჲ მარადის გულს მოდგინედ მღჳძარებით და საყუარულით თჳნიერ ყოვლისა * p. 80 მცონარებისა დღე და ღამე მადლისა მისებრ ღმრთისა * მიერ მაცხოვრისა მონიჭებულისა თჳთოეულისა ენისა ხმობად გალობისა თავადისა ქრისტე იესოჳჲს მიერ ოჳფლისა ჩუენისა რომლისაჲ არს დიდებაჲ უკუნითი უკუნისამდე ამინ

(16) თავი :·

მოჳრნე[თა]თჳს : და მოღუაწეთა : მონასტრისათა : რომელ : არიან : იკონომოსნი : და ეპიტროპოსნი :·

66. კუალად შემდგომად თქმულთა ამათ ამას ვამცნებ და დაშჯილებით ვასწავლი და განუსაზღვრებ ძმათა ჩუენთა რომელნი უდაბნოსა ჩუენსა მკჳდრ არიან· რაჲთა არა ოდეს დაუტეონ პატიოსანი ესე სამოწესოჲ ჩუენი თჳნიერ ეპიტროპოსთა და იკონომოსთა რომელ არიან განმგენი და აბარმადნი : არამედ რჩეულთამცა და გამოცდილთა დააწესებენ ზედა მხედველად და განმგებელად· შინა და გარე და შემდგომად აღსრულებისა მათისა : სხუათა გამოარჩევდენ ეგრეთვე ღმრთის მოშიშთა· და წესიერთა : გინა თუ საეკლესიოთაგანნი იყვნენ· ანუ თუ მსოფლიოთაგანნი ღმრთის მოყუარენი : და ნაცვალად პირველთა მათ დააყენებდენ განმგედ და მოჳრნედ მონასტრისა და თავთა თჳსთა : რომელნიცა უპირატესნი იყვნენ პატივითა და * p. 81 შემძლებელნი განმგეობად და * არა ოდეს მნებავს ყოფად მონასტრისა თჳნიერ წინამძღურისა და განმგეთაჲსა რაჲმეთუ არა ხოლო თუ სულიერთა წესთა ჯერ არს დამარხვაჲ· ვითარ ესე ჩუენ მიერ შჯულ დებულ არს არამედ კორციელთათჳსცა ჯერ არს ზრუნვაჲ რაჲთა მტკიცედ დაჰმარხონ მას შინა მყოფთა მათ მსახურთათჳს რაჲთა არცა ერთითა რაჲთ იყვნენ მოქენე საჭიროთა მათ საკმართათჳს :·

(17) თავი :·

მცნებაჲ : კრძალვისა : თჳს : საჭურისთაგან : და მოყმეთა : ჭაბუკთა :·

67. ხოლო საჭურისთათჳს რომელნი : ყუურულად სახელ დებულ არიან : და უასაკოთათჳს ჭაბუკთა· არა ხოლო თუ ჩუენგან არამედ პირველთაგანცა წმიდათა მამათა დახრწეულ არს დასაბამითგან ყოფაჲ მათი მონასტერსა შინა· ვითარცა დასაბრკოლებელი საქმე : და ჩუენცა შეუდეგით განსაზღვრებულსა მათსა რაჲთა ეგრეთვე დაადგრეს საუკუნოდ : და არცა მიზეზითა სამსახურებელისაჲთა ვწამებთ ვის შეწყნარებად· მათგანსა მონაზონთა თანა და არცა სხჳთა რაჲთმე მიზეზითა : რაჲმეთუ უწესოებაჲ არს ესე და უშუურებაჲ· და რაჲთა უჯეროვნესად ვთქუა· მსგავსად წმიდათა მათ მამათა სკიტელთა ვითარმედ ნუ * შემოიყვანებთ აქა ყრმათა ჭაბუკთა : რაჲმეთუ ოთხნი ეკლესიანი მათ მიერ აღაოკრდეს : და ამისთჳს არა დაუტეობთ ჩუენ სახესა დაბრკოლებისასა მათთჳს რომელნი იგი შემდგომად ჩუენსა მომავალ არიან წინამძღუარნი : არცაჲთუერთიით [1] რაჲთაცა მიზეზითა მიუშუებთ მათ : ესე ვითართა მათ შეწყნარებად : რომელთა მიერ იჭჳ საგმობელი შეიქმნებოდეს : რაჲთა არა ვცეთ გზაჲ შესავალი სიბოროტესა :· * p. 82

68. რაჲმეთუ დაღაცათუ წინაჲსწარვე [2] განწესებათა მათ შინა ჩუენთა· განთჳსებულად განვაგეთ ესე ვითართა საქმეთათჳს : გარნა არა ხოლო ჩუენ მიერ დადებულ არს შჯულად ვითარცა ზემო ვთქუთ· არამედ საქალაქოთა მათ საერისკაცოთა შჯულთა ეგრევე სახედ კეთილად აღუჩნდა ამისი შჯულად დამარხვაჲ ვითარცა დიდი და საკმარი საქმე : ხოლო საცნაურ არს ვითარმედ გარეგან კანონთაჲსა შორის შემოსრული და კანონთაგან განგდებული საქმე არა ჯერ არს შეწყნარებად ჩუენდა სახედ უკეთურებისა :

1 Sic. 2 Lectio dubia.

ამისთჳს უკუჱ ვამცნებ განკანონებით ყოველთა რომელნი
* p. 83 შემდგომად ჩუჱნსა წინამძღუარნი ყოფად * არიან და მნენი და ყოველსავე ძმობასა : და ვაფუცებ თავადსა ოჳფალსა ჩუჱნსა იესოჳ ქრისტესა და უხრწნელსა დედასა მისსა · რაჲთა არა ოდეს თავს იდვან გარეგან განსაზღვრულისა ამის ჩუჱნისა კანონისა და მამათა მოცემულისა მცნებისა განგებად რაჲმე რაჲთაცა მიზეზითა და სახითა რაჲთა არა სულთა თჳსთა ხოლო წარწყმედისა · არამედ მონასტრისაცა სრულიად დაქცევისა და წარწყმედისა მიზეზ არა იქმნენ შეურაცხებითა საუფლოთა ამათ სიტყუათაჲთა და დაწესებულისა ამის ჩუჱნისა და საშინელისა განკანონებისა დათრგუნვითა :·

(18) თავი :·

აზნაურად ყოფისა თჳს : მონასტრისა : ჴელ მწიფებისაგან : თჳსთა : და ნათესავთა : ჩუჱნთაჲსა : და სხჳსა : ყოვლისაგან : სახარკოჲსა :·

69. მნებავს უკუჱ განსაზღვრებად პატიოსანი მონასტერი ჩემი რაჲთა იყოს იგი აზნაურ და თავისუფალ ყოველთაგან შორიელთა და მახლობელთა თჳსთა და ნათესავთა ჩემთა გინა ტომად ჩემდა სახელ დებულთა რომელნი აწ არიან და რომელნი ყოფად არიან : და სულისა ჩემისა მოურავ-
* p. 84 თაგანცა : და ყოველთავე ამას სოფელსა შინა მყოფ*თა კაცთაგან არა ვის აქუს ნაწილი არცა ზიარებაჲ რაჲთურთით დიდი ანუ მცირე : გინა თუ განთჳსებული რაჲმე ზემოჴსენებულსა მონასტერსა ჩემსა და ეკლესიასა თანა : გინა თუ საკმართა და მონაგებთა მისთა თანა არა ვის მივსცემ მიშუჱბასა არცა [1] ჴელ მწიფებასა რაჲთურთით : რაჲთამცა ნათესავთა ჩემთა გინა მსახურთა ლეღატისა ამღებთაგანი : მიზეზითა ჩემგან მათდა ლეღატისა დატეობისათა ჴელ ყოს და ეცადოს მკჳდრად გამოჩინებად გინა თუ ყოფად მონასტრისა ჩემისა ;

[1] არცე.

70. ხოლო უკუეთუ გამოჩნდეს ვინ და იტყოდის ვითარმედ არა მაქუს ლედატი აღიღოს ათორმეტი ფოლი ლედატად მისა· და სხუაჲ სამართალი არა რაჲ აქუნდეს· რაჲმეთუ მე მკჳდრად ჩემდა ჩემი ეკლესიაჲ მაქუს და მონასტერი : რომელი იგი ყოვლითა ნაქონებითა მისითა რომელი მივეც და დაუმტკიცე მას უღირსებისა ჩემისაგან ძღუნად შემიწირავს ღმრთისა და საკსრად ცოდვილისა სულისა ჩემისა· და ნუ იყოფინ ვითარმცა აქუმდა ვის ჴელ მწიფებაჲ ჴელთ დებად მისსა· * * p. 85

71. ნუცა ერთსა ვის მათგანსა დამორჩილებულ არს მონასტერი ჩემი რაჲმეთუ ესე ვითარი ესე სამკჳდრებელი მონაზონთათჳს ხოლო განმისაზღვრებიეს საყოფელად საუკუნოდ და მარადის თავისუფლად და თჳთ მფლობელად : მათითურთ რომელნი იგი ჟამით ჟამად წინამძღუარნი და ჴელის უფალნი იყვნენ მას შინა და განმგებლობაჲ ეპყრას განწესებისაებრ ჩუენისა : რაჲმეთუ არა თუ ვითარ იგი ვიეთნიმე იქმან : რომელ მონასტერთა დაამყარებენ ანუ თუ სხუასა რასმე პატიოსანთაგანსა მოიგებენ და ნათესავთა თჳსთა ჴელმწიფებასა ქუეშე ჰყოფენ შემდგომად სიკუდილისა მათისა : მენაცვალეობითა ჟამთა ცვალებისაებრ : ეგრეთვე ჩუენცა ვჰყოფდითმცა გინა განვაწესეთ· ნუ იყოფინ ჩუენდა ამისსა ესრეთ ყოფად· რაჲმეთუ მრავალი სავნებელი და ურთიერთარს ჴდომისა და წინააღდგომისა მიზეზი შორის მათსა შემოჴდების : და მტერობაჲ და განდგომილებაჲ· ოდეს იგი თჳთოეული მათი თავსა თჳსსა უწოდდეს უფლად ყოვლისა ვითარ იგი მებრ მრავალ გზის სამსჯავროთა შინა ვიხილე მე თუალითა ჩემითა· * * p. 86 და ესე ფრიად უჯერო არს და უკმარ· რაჲმეთუ მრავალ გზის უღირსი უფროჲს წარემატების ბჭობასა შინა ვიდრეღა ღირსი· და უსამართლოჲ მართალსა წარჰჴდის რომლისა არა მნე[ბავს] [.......][1] ლისა ღმრთისაჲ : ნათესავთა ჩემთა [.........][1] ბად გინა უცხოსა

1 Vacuum.

72. აწ უკუჱთუ [1] გამოჩნდეს [2] გინა მტკიცეთა და ჭეშმარიტთა თჳსთა ჩემთაგანი : ანუ თჳსად ჩემდა სახელ დებულთაგანი ვინმე ანუ მსახურთა და ყრმათა ჩემთაგანი წინააღდგომად ეკლესიისა გამოჩნდეს გინა მონასტრისა ჩემისა · ანუ სოფელთა გინა აგარაკთა მისთა · ანუ ციხეთა რაჲთამცა ანუ სახლი იშენა ამათ შინა ანუ სახიზნავად თჳსად შექმნა : ანუ დამკჳდრებად მას შინა ინებოს გინა უფლებად მისსა · ანუ რასაცა გუარსა სახესა შემოსავალთა მისთაგანსა თუალ ახუნეს და მიიხუჱჭოს : ანუ შეძინების მოყუარეობდეს რასაცა ზედა საკმარსა დიდსა გინა მცირესა : * p. 87_{1-5} ანუ მებრ ლიტონითა სიტყჳთა ერთითა ხოლო მიტა*ცებად მოიგონოს პირველად წყეოლ იყავნ და შეჩუჱნებულ სამას ათრვამეტთა წმიდათა მამათაგან რომელნი ნიკეას შეკრბეს და განგდებულ იყავნ ყოვლისაგან წესისა და სარწმუნოებისა ქრისტეანეთაჲსა და ნაწილი მისი იუდას თანა იყავნ ისკარიოტელ[სა] …

* p. 88_{6-14} **73.** და უკუჱთუ წინამძღ[უართა]განი ვიმნე მონასტრისათაჲ გინა თუ ძმათაგანი ვინმე გამოჩნდეს რომელმან გარდასლვაჲ ინებოს მოწევნულისა ამისგან ტიპიკონისა და მოიგონოს განზრახვაჲ ზაკუვისაჲ და ისწრაფოს შე[დ]გომად ნათესავთაგანსა ვისმე ჩემსა გინა თუ სხუასა ვისმე უცხოსა დაკლებად რაჲსამე · გინა მიცემად ვისამე თითოეულთა ამათგან · რომელიცა რაჲ მივეცით და დაუმტკიცეთ წმიდასა ეკლესიასა და მონასტერსა ჩუჱნსა : ანუ თუ უფლებად ვინმე ინებოს მას ზედა გინა ფერჴისა შედგმად მას შინა იგივე ზემო წერილი წყევაჲ მიიღენ და განიძიენ მონასტრისაგან : და ვითარცა შინაგანმცემელი და მზაკუარი დაისაჯენ ვითარცა გარდამავალი ტიპიკონისა ამის * p. 89 ჩუჱნისა : · *

74. და მერმე რაჲცა მისდა ლეღ[ატად მიე]ცეს ზემავალი ანუ ქუჱ[მავალი] …. თჳთ მოძრავი : ჴელმწიფებაჲ ⌊აქუს

[1] უთუ. [2] გამუჩნდა.

ეკ]ლესიასა ჩემსა გამოღებად ყოვლისა მის და უფ[ლებ]ად დამტკიცებით· რომლისათჳს არა ვეჭუ [თ]უმცა ესოდენ უმადლო და კეთილის მოვიწყე ვინ იქმნა ჩემთაგან და გარდაჰკდა მცნებულსა ჩემსა რაჲმეთუ ყოველთა თანა კეთილის მოქმედი ყოფილ ვარ : აღმიზარდიან და საზომად მომიწიფებიან : არა თუ ამისთჳს ვითარმცა სამართალი : რაჲმე ვისმე ჰქონებოდა ჩემ თანა მამულისა სამკჳდრებელისა ძლით : არამედ მცნებისათჳს ხოლო ღმრთისა და ჩემისა მათდა მიმართ მოწლედ გულის ქონებითა :·

75. რაჲმეთუ ნეტარი მამაჲ ჩუჱნი ვინაჲთგან ადრე მიიცვალა და ჩუჱნ მცირენი დაგჳტევნა და ჰასაკად ვერ მოწიფულნი : ამისთჳს ყოველი მონაგები და საკმარი მამისა ჩუჱნისაჲ დედამან ჩუჱნმან : დედობრივსა ჭირვეულობასა მიხედვითა სხუათა მათ შვილთა თჳსთა დათა ჩუჱნთა ზითვად მისცა და ჩუჱნ შიშუჱლნი დაგჳტევნა ყოვლისაგან მამულისა · და დედულისაგანცა საკმრისა დანი ჩუჱნნი...*... * p. 90
მათითურთ წარვიდე[ს] ქმართა .... განაბნიეს სხუათა და სხუათა შინა .... წარაგეს ყოველი :·

ეგრეთვე მე...[მოღუაწე]ბითა და რუდუნებითა ჩემითა : ს....თს შინა და საქართველოს და სასარკ......ოზეთს მებრ და მერმე საბერძნეთს მოსლვითა საცხორებელსა ჩემსა ვეძებდი და მოვირეწდი : და მრავალთა შინა ჟამთა ვიქცეოდე ესრეთ : და ესე ყოველი გინათუ მონაგები გინა საკმარი· ანუ თუ პატივი მთავრობისაჲ მომიგიეს· ყოვლივე შეწევნითა ღმრთისაჲთა ქმნილ არს ჩემდა და მშობელთა ჩემთა ლოცვითა· და თჳთ ჩემითა მრავლითა ტანჯვითა და მოჭირვებითა და სისხლთა დათხევითა და არა თუ სხჳსა ვისითაცა თანა შეწევნითა გინა ქველის მეხუჱლებითა [1] მოცემულ ჰარს [2] : უფროჲსღა ყოველნივე თჳსნი და ნათესავნი და ყრმანი ჩემნი ჩემითა მოსწრაფებითა და მსახურებითა და ჩემდა [3] მომართ საყუჱდურისა

[1] Sic. [2] Sic. [3] ჩემი და.

დადებითა არიან მიმთხუწულ დიდებასა და კეთილის მოქმედებასა წმიდათა მეფეთა ჩუენთაგან და რომელი რაჲ
* p. 87_5 მათდა მიმიცემია გინა ლე*ღატად დამიც და რომელი მე მაქუს და რომელი ეკლესიისა ჩემისადა მიმიცემია და [1] სხუაჲ მიცემად· მეგულების ჩემი არს და თანა სისხლთა ფასი და ჩემისაგან მიმიცემია რაჲცა რაჲ ვისდამი მიმიცემია და ჩემისა სულისათჳს მიმიცემია სხჳსა მის ყოვლისა თანა რომელი იგი მკუდართა და ცოცხალთა ჩემთა თანა მიქმნია კეთილი : და არა სხჳსა ვისისაცა ნაწილისა გინა ხუწჲრე-ბულისაგან მქონებია გინა მიმიცემია და ამის ყოვლისათჳს ვინებე მე რაჲთა მონასტერი ჩემი აზნაურად ეგოს : ყოველ-თაგან თჳსთა ჩემთა და უცხოთა და სამეუფოჲსაგანცა კერძისა და საპატრიაქოჲსა [1] : და ყოვლისა საკელმწიფოჲსა და სამთავროჲსა : ვითარ იგი სარწმუნოთა და თაყუანის საცემელთა ოქრობეჭედთა მიერ დამტკიცებულ არს : რო-მელთა ზედა არა საკმარ იყო ჩემდა სხჳსა ოქრობეჭედისა აღებაჲ მონაგებთა ჩემთათჳს გარეშე პირველთა მათ ოქრო-
* p. 88_{1-5} ბეჭედთა რომელნი მაქუნდეს გარნა· ამისთჳს ვითხო*ვე და ავიღე წმიდათა მეფეთა ჩუენთაგან საკუთრად სხუაჲ ახალი ოქრობეჭედი რაჲთა ჩემ [2] მიერ განგებული და განწესებული ყოველი მონასტრისა ჩემისათჳს შ[ეურყე]-ველად და უზრუნველად ... [დამა]რხულ იქმნას ვიდრე აღსას[რულა]დმდე [სო]ფლისა.

(19) თავი :· [3]

* p. 88_{20} მისთჳს : ვითარმედ : უკუეთუ : შესცთეს : წინამძღუარი : და ეცრუოს : აღთქუმასა : გინა თუ : სხუაჲ : ვინ : კელის : უფალთაგანი :
* p. 91 და წა*რაგოს : საკმარი : მონასტრისაჲ : ჯერ : არს : ესე : ვითართა : მათ : გარდადგ[ინებაჲ :·]

76. ხოლო უკუეთუ იქმნას სადა რომელსა იგი მე [არა ვე]ჭუ არცა მოველი და შეურ[აცხ ყონ წინა]მძღუართა ჩემ

1 Sic. 2 ჩრ. 3 Finis paginae 88.

მიერ დადებული ესე სჯულ[ი][1] [და ს]არგებლისა წილ მავნებელ ძმათა ექმნენ[2] მიშუჱბაჲ აქუს ბრძანებისაჲ დამორჩილებულთა მათ ძმათა რომელნიცა უპირატესნი იყვნენ და მოხუცებულნი მამათა შორის : მოღუაწენი და მეცნიერნი : ჟამსა მას შინა : ჴელის უფალთა და მნეთა თანა განზრახვითა რომელთა იგი თანა აც ყოვლითა მოსწრაფებითა წარმართებად ესე ვითართაჲ მათ და არა მიშუჱბად რაჲთა დაირღუას და აღაოჴრდეს ესე ვითარი ესე შუჱნიერი სამოწესეოჲ[3] სამ[კ]ჳდრებელი ანუ თუ უკმარ იქმნეს :·

77. ხოლო უკუჱთუ დაუთმოს ვინ ეგე ვითართა მათ მავნებელთა და მიუშუას არა მცირე დასასჯელი მიიღოს ღმრთისაგან და წმიდისა ღმრთის მშობელისა ვითარ იგი ზემოცა ვთქუთ : დაღაცა თუ მცირედცა რაჲმე სავნებელი მონასტრისაჲ უგულებელს ყოს და არა იზრუნოს· და რაჲთაცა მიზეზითა სც*თეს და მჴურვალითა გულითა არა * p. 92
იღუაწოს· დამარხვად საკმარი ეკლესიის[აჲ] უგულებელს ყოფითა : და საკმართა ეკლესიისათა უჯეროდ და ურიდად წარაგებდეს და სამკაულთა[4] და საფასეთა ეკლესიისათა წარწყმედად მიუშუჱბდეს : და საქმესა მჴეცისასა იქმოდის : პირველად უკუჱ სიტკბოებით და შიშითა ღმრთისაჲთა ჯერ არს : სწავლად მისა მათ მიერ : და შემდგომად ჯეროვნისა ამის სწავლისა უკუჱთუ არა მოვიდეს განმართებად წმიდისა ამის ადგილისაგან განეშორენ ერთობითითა წამებითა და განშჯითა ზოგადითა ყოველთა მიერ და მერმე ამისა შემდგომად ნაცვალად მისა სხუაჲ ღირსი დაიდგინოს ადგილსა მისსა ყოველთა მიერ განზრახვით გამორჩევითა :·

78. ესე ძალისაებრ ჩუჱნისა კმა იყავნ აწ თქუმად ამის ჯერისათჳს : რომელი ესე კაცობრივისაებრ გონებისა განვაგეთ და დავამტკიცეთ : რაჲმეთუ ვინმცა კაცთაგანმან უძლო ყოვლისავე უცთომელად წარმოთქუმად და განგებად

1 სტულ. 2 ვემნენ. 3 Sic. 4 სამსაულთა.

ვინაჲთგან წინამდებარე მომავალი ყოველი უცნაურ არს
კაცთაგან : არამედ თჳთ მებრ მსახურთა და ჴელის უფალთა
ადგილისათა ვაფუცებ[1] ღმრთისა მიერ ცხოველისა რაჲთა
* p. 93 არცა ერთითა რაჲთ სახითა * და მიზეზითა არა უგულებელს
ყონ ჩუჱნ მიერ განწესებული ესე და უკუჱთუმცა[2] რაჲთაცა
მიზეზითა განცხადებულად შესცთეს წინამძღუარი და არა
იქცეოდის უმჯობესისა გამორჩევითა : არამედ მწყემსობისა
წილ მგელ ექმნეს სამწყსოთა მათ ზედა : და საკმარსა
მონასტრისასა განლლევდეს[3] და მონაგებთა მისთა წარა-
ჲსწყმედდეს[4] და საქმეთა[5] მგლისათა იქმოდის : არა[6]
დაუთმონ მას მონასტრისა მყოფთა : არამედ პირველად
უკუჱ სიმშჳდით და სიტკბოებით ღმრთის მოყუარებრ ას-
წაონ და ამხილონ ძმებრივად : და უკუჱთუ არა ინებოს გან-
მართებად თავი თჳსი და სახე არა განიგოს : გარდაიგდოს
და განშორებულ იქმნას ესე ვითარი იგი ჴელმწიფებისაგან
თჳსისა ზოგად ყოველთა წამებითა და ჴელის უფალთა
თანა დგომითა : და მერმე ამისა შემდგომად ყოველთა
ზიარად გამორჩევითა : და ჴელის უფალთა და მოღუაწეთა[7]
და მეცნიერთა ძმათა წამებითა რომელიცა ღირსი იყოს
შორის შემოიყვანონ · და ნაცვალად მისა განაწესონ : ·

(20) თავი : ·

მათ : თჳს : რომელნი : საკმართა : მისცემენ : ჟამის[8] : საწირავად : მიცუალებულთა : მათთა : თჳს : და სწავლაჲ[9] : ვიეთგან : ჯერ : არს : აღებაჲ : ·

* p. 94 **79.** მის ხოლო საკმრისა ჯერ არს აღებაჲ და შეწყ*ნარებაჲ ჟამის მწირველთა : რომელი იგი არა იყოს მიზეზ მონასტრისა ვნებისა : არცა ახალ სახეობად რაჲმე : არამედ სიმტკიცედ წინამდებარეთა საქმეთა თჳს : და სისრულედ

1 ვახუცებ. 2 Loco მცა habetur სდა. 3 Sic. 4 წარიჲს.
5 საქმათა. 6 ადრა. 7 მოეუაწეთა. 8 ჟამისს. 9 სწევლაჲ?

ღმრთის მსახურებისა უფროჲსღა რაჲთა არა დასამძიმებელად არამედ გულს მოდგინებად წინამდებარისა მის საქმისა : და სარგებელად სულისა შემწირველთაჲსა : და რომელთათჳს შეიწირვოდის : რაჲმეთუ ესე არს მებრ სათნოჲ ღმრთისაჲ : ნაყოფიერებაჲ რომელსა უდიდებულესი ყოვლისაჲ აქუს ნაცვალისა მიგებაჲ : და არა მოვაჭრებაჲ სულიერისა ვნებისაჲ ესე ვითარისა მის მიერ საქმისა : არამედ შეწირვაჲ სათნოდ სრულებათა საღმრთოთაჲ რომელნი იგი აღწერილ და განსაზღვრებულ არიან ამათ საქმეთათჳს : რომლისათჳს ჯერ არს და სამართალ : სრულებითრე თქუმად დასასრულსა ამის წიგნისასა : და აღწერად მტკიცესა ამას შინა განწესებასა : რაჲთა ცხად იყოს და უმტკიცეს თქუჱნდა დღე საკსენებელი ზოგად ცხორებულთაჲ ჟამსა მიცვალებისა მათისასა :· * p. 95

(21) თავი :·

მცნებაჲ : კუალად : ძმათა : მიმართ : ჩემისა[1] : და თჳსთა : ჩემთა : დღე : საკსენებელისა : თჳს : და ძმათა[2] : მიმართ : სიყუარულისა : ყოფისა : და საფასეთა : განყოფისა : თჳს : დღესა : კსენებისა : ჩუჱნისასა : გლახაკთა : მიმართ :·

80. განვაწესეთ უკუჱ საკსენებელი ნეტარისა და კეთილად კსენებულისა ძმისა ჩემისა აბაზ მაგისტროსისაჲ : ყოფად დღესა რომელსა შინა· მიიცვალა იგი თუჱსა სეკდენბერსა ოცსა წმიდისა მოწამისა ევსტათის დღესასწაულსა : რაჲთა დაეგოს მას დღესა შინა ტაბლაჲ ბრწყინვალე და შუჱნიერი და აღსავსე ყოვლითა კეთილითა რომელიცა მოეცეს ღმერთსა : მწუჴრსა სუან ძმათა ორ ორი კრასაული : სამჴრად ოთჴ ოთჴი : და რაოდენნი ჟამის მწირველნი იყვნენ მღდელნი მონასტერსა შინა : და გარე სოჴასტერთა და

[1] ჩემსა. [2] ძდათა.

სოფელთა შინა მას დღესა ყოველთა მისთჳს წირონ ჟამი და მიეცეს მას დღესა გასაყოფელად გლახაკთა დრაჰკანი სამეოცდაათორმეტი : და შემდგომად ღამის თევისა და ჟამის წირვისა კუალად განიყოს[1] · დრაჲკანი[1] ოცდა ოთხი ძმათა მათ მოსრულთა დღესა კსენებისა მისისასა :·

81. მნებავს კუალად თქუმად ჩემთჳსცა : რაჲმეთუ ვითარცა იგი წერილ არს კაცად კაცადი თჳსისაებრ შრომისა

* p. 96 მიიღებს სასყიდელსა : არამედ დაღაცა თუ * სიქადული ჯერ არს გარნა არადვე სარგებელ არს : ხოლო რომელი იგი იქადოდის ოჳფლისა მიერ იქადოდენ : რაჲმეთუ თქუჱნ თჳთ მებრ რომელნი ეგე დასაბამითგან მიცნობთ მე უწყით კეთილად ყოველი ხარკებაჲ და სწრაფაჲ და ოფლითა მრავლითა შრომილებაჲ ჩემი · და ნიჭნი ღმრთისანი რომელნი იგი არა მე არამედ მადლმან[2] ღმრთისამან ქნა ჩემთანა : და ვიცი სიყუარული თქუჱნი რომელ დაღაცა თუმცა · არა გამცენ და მოგაკსენე თქუჱნ არა დაივიწყებთ არცა უდებ ჰყოფთ საკსენებელსა ჩემსა : რომლისაჲ თანა გაც ყოფად არამედ ჰყოფდეთ უეჭუელად : გარნა მნებავს რაჲთა უპატიოსნესადღა ჰყოფდეთ : და გულს მოდგინედ და სარწმუნოებით მომიკსენებდეთ მე ყოველსა ჟამსა : და რომელნი იგი შემდგომად ჩუჱნსა მომავალ არიან : ვევედრები მათ ყოველთა ვითარცა მამათა და ძმათა რაჲთა არა ოდეს დამივიწყონ ჩუჱნ :·

82. ხოლო ჯერ არს დღესა მას კსენებისა ჩუჱნისასა გულის კმის ყოფად ძმათა რომელნიცა ხედევდენ ესოდენსა მას შუჱნიერებასა სახლისა ღმრთისასა რომელ არს წმიდაჲ ეკლესიაჲ და წლითი წლადთა მათ შემოსავალთა მისთა : და სხუათა მათ საკმართა რომელთა იგი შემდგომად

* p. 97 ღმრთისა * ჩუჱნ ქმნილ ვართ მიზეზ მოგებისა ყოველთა მათ კეთილთაჲსა : და ნუმცა დამივიწყებთ ჩუჱნ არამედ რომელსაცა დღესა ინებოს ღმერთმან ბრძანებითა მისითა

[1] Sic. [2] მადიამან.

ყოფად აღსასრული ჩემი გრიგოლისი : მას დღესა ჳყოფდით ჩემსაცა საკსენებელსა და მისცენ გასაყოფელად გლახაკთა დრაჰკანი სამოცდა ათორმეტი და ნუგეშინის ცენ[1] ძმათა უხუად დაგებულითა ტრაპეზითა საჭმელთა მიერ და სასუმელთა : და ეგრეთვე რომელნიცა მოსრულ იყვნენ დღესასწაულობად კსენებასა ჩუჱნსა მათცა ნუგეშინის სცენ : და შემდგომად ღამის თევისა და ჟამის წირვისა კუალად განუყონ ძმათა მათ მოსრულთა დღესა კსენებისა ჩუჱნისასა დრაჰკანი ოცდაოთხი : და უკუჱთუ მის დღისათჳს განწესებულთა ამათ დრაჰკანთაგან : ანუ შემზადებულთა მათ საზრდელთაგან : და რაჲ ჰმატდეს სიმცროჲსაგან მოსრულისა მის ერისა იგიცა მეორესა დღესა გლახაკთა განეყოს : და სხუად რად ნუ იკმარების :

83. და ეგრეთვე რაჲცა რაჲ ყოვლისაგან შემოსავლისა წელიწდისა დაჰმატდეს : ოდეს ყოველივე საკმარი ეკლესიისაჲ და ძმათაჲ განწესებისაებრ ჩუჱნისა მიცემულ იყოს და სხუაჲ ყოველივე სათანადოჲ და საჭიროჲ წარსაგებელი ქმნილ იყოს : მის ყოვლი*სა ნამეტნავისა რომელი დაშთომილ იყოს ნახევარი კუალად ეკლესიასავე საკმრად დაეტეოს · საწინაოთა მოულოდებელთა რათმე ჭირთა და წარსაგებელთათჳს : ხოლო ნახევარი ყოვლისა მის ნამეტნავისაჲ ეგრეთვე მსგავსად ჟამსა კსენებისა ჩემისასა განეყოს კეთილად მსახურთა მიმართ ძმათა ქრისტესთა გლახაკთა და დავრდომილთა და მსახურთა და მოშაკთა[2] მონასტრისათა და გლეხთა მისთა : და ყოველივე წინამძღუარმან და განმგეთა განუყონ თანა განზრახვითა და მეცნიერებითა აზარმადთა და იკონომოსთაჲთა : · * p. 98

ხოლო შიშითა ღმრთისაჲთა და წმიდითა გონებითა და უბრალოჲთა ნებითა ჳყოფენმცა განყოფასა მას : და უწყიანმცა თუ ვითარსა სასჯელსა ღირს იპოვა რომელსა იგი

[1] Sic. [2] Sic.

გუადრუცი საუფლოჲ ეტჳრთა და მპარავ და მრეხველ[1] და გამცემელ ოჳფლისა თჳსისა იქმნა : და კუალად თუ ვითარ დაისაჯა გეეზი კეთროვნებითა ვეცხლის მოყუარებისა მისისათჳს : და ეკრძალებიანმცა რაჲთა არა რაჲ ესე ვითარი შემთხჳოს[2] განმყოფელთა მათ :·

84. აწ უკუჱ ამის ყოვლისა უკლებად და უცთომელად მნებავს დამარხვად ყოველთა მიერ რაჲთა არცა ერთითა რაჲთ მიზეზითა დაეხრწიოს რაჲ ამათგანი : ხოლო უკუჱთუ * p. 99 ძმათა * შემოწირულისა ანუ სხუათა ვიეთმე მიერ მოძღუანებულისაგან შემოიკრიბოს დრაჭკანი არა ჯერ არს ნამეტნავისაჲ მის სულისათჳს ჩუჱნისა წარგებად გარნა დამარხვაჲ ჯერ არს ძმათავე საკმრად : და შემოსავალისაგან მონასტრისა ყოფად ყოველივე საკმარი კსენებისა ჩუჱნისაჲ :·

ეგრეთვე განვაწესეთ რაჲთა ყოველთა შინა დღეთა წელიწდისათა საღმრთოსა მას შინა საჲდუმლოსა ჟამის წირვისასა თანა შეწირულ იქმნას კსნისათჳს სულთა ჩუჱნთაჲსა სამი სეფისკუჱრი უდიდროვნესი რომელსა ანაფორაჲ ეწოდების : და ამოკუჱთილ იქმნას ერთი სულისათჳს ჩემისა : და ერთი ძმისათჳს ჩემისა : და ერთი მამისა ჩემისა ბაკურიანისათჳს : და ორი იგი აღმოკუჱთილი განეყოს გლახაკთა და უძლურთა კართა ზედა მონასტრისათა მყოფთა : და ერთი იგი ძმათა ევლოგიად განეყოს : და ეგრეთვე ყოველთა შინა ეკლესიათა სოხასტრისათა ერთი სეფისკუჱრი აღმოკუჱთილ იქმნას საკსრად სულთა ჩუჱნთათჳს თჳნიერ ყოვლისა ცილობისა : და ამას განკანონებით და დაშჯილებით ვამცნებ დამარხვად ყოველსა ძმობასა კსენებისათჳს ჩუჱნისა : და სარგებელისათჳს სულთა ჩუჱნთაჲსა : რაჲთა ესრე სახედ პოვნ წყალობაჲ ღმრთისაგან . ·

85. ჯერ არს კუალად რაჲთა დღესასწაულსა წმიდისა

[1] Sic; forsan მკრეხელ. [2] Sic.

ეკლესიისა ჩუენისასა· ყოველთავე მღდელთა ჩუენთჳს წირონ ჟამი· ჩემთჳს და ძმისა ჩემისათჳს· და მიცვალებულ*თა ჩუენთათჳს· და ეგრეთვე წმიდასა და დიდებულსა * p. 100 ბრწყინვალესა დღესა ქრისტეს აღდგომისასა აღვსებასა : და წმიდასა ამაღლებისა დღესა· და სულისა წმიდისა მოსლვასა და ხარებასა· და ქრისტეს შობასა· და განცხადებასა : ამათ წმიდათა დღესასწაულთა ყოველივე· ჟამის წირვაჲ ჩუენთჳსმცა იქმნების· და ეგრეთვე წელიწდისა ყოველნი შაბათნი ჩუენთჳსმცა იწირვიან : ერთი შაბათი ჩემთჳს და ერთი ძმისა ჩემისათჳს :

და ყოველთა დღეთა დიდსა შინა ეკლესიასა ოდეს ზედა მწირველმან საიდუმლოჲ აღასრულოს და ერი აზიაროს : და სიწმიდესა ზეუკუმოიყვანებდეს მას ჟამსა მღდელმან მოგჳჴსენნეს ჩუენ სახელ დებით მე და ძმაჲ ჩემი და შენდობაჲ ითხოვოს ცოდვათა ჩუენთათჳს· და ძმანი ყოველნი თანა ეწამნენ მას : და ეგრეთვე ცისკრისა და მწუხრისა ლოცვისა აღსასრულსა მოგჳჴსენებდენ : მღდელნი და ძმანი ყოველნი· მე და ძმასა ჩემსა· და ითხოონ ღმრთისაგან და თქუან ვითარმედ შეუნდვენ ღმერთმან ბრალნი მაშენებელთა ჩუენთანი :·

ხოლო დღესა დიდსა ხუთშაბათისასა საჴსენებელი აღესრულებოდის [მამი]სა ჩუენისა ერისთავთა ერისთავისა ბაკურიანისათჳს ლოცვითა და ჟამის წირვითა : და ძმა*თათჳს ბრწყინვალე და ჯეროვანი ტაბლაჲ განემზადოს : და * p. 101 განეყოს მას დღესა დრაჰკანი ოცდაორი გლახაკთა :·

ძმანო მოიჴსენებდით ჭირთა და რუდუნებათა და შრომათა ჩემთა რომელ თქუენისა სიყუარულისათჳს დავშუერ რომლისათჳს სასყიდელიმცა კეთილი გჳპოვნიეს· თქუენ მომჴსენებელთა და ჩუენ ჴსენებულთა ქრისტე იესოჳს მიერ ოჳფლისა ჩუენისა :·

(22) თავი :·

თუ ვითარ : ჯერ : არს : ჴსენებისა : ყოფად : მიცვალებულთა : წინა : მძღუართა : მონასტრისათა : და სხუათა : მათ : ძმათა : ჟამის : წირვითა : და ლოცვითა :·

86. ოდეს წინამძღუარი მონასტრისაჲ აღესრულოს ჯერ არს ყოველთა მღდელთა და ძმათა ღირსებით და დიდებით პატივის ცემაჲ მისი· სანთლითა და საკუმეველითა ფსალმუნითა და გალობითა აღსრულებად მის ზედა ყოველივე წესი სამკუდროჲ თუ მღდელთაგანი იყოს სამღდელოჲთა წესითა დაჰმარხონ : და თუ ლიტონ[ი მონ]აზონი იყოს : მონაზონთა წესითა : და წარაგონ გასაყოფელად საფლავსა მისსა ზედა ათორმეტი დრაჰკანი : და ნუგეშინის სცენ ძმათა და უმატონ საჭამადსა და სასუმადსა : და მესამესა დღესა ყონ მისთჳს პანაშჳდი და ღამის თევაჲ : და * p. 102 მღ*დელთა ყოველთა ჟამი მისთჳს წირონ : და ეგრეთვე ცხრასა და ორმეოცსა და წელიწდისა აღსრულებასა საეკლესიოჲსა წესისაებრ :

ხოლო ოდეს ძმათაგანი ვინმე აღესრულოს ესრევე ლოცვითა და გალობითა წესისაებრ დაჰმარხონ იგი და იქმნას მისთჳს პანაშჳ[დი] და ღამის თევაჲ : სამსა ცხრასა ორმეოცსა და წელიწდისა აღსრულებასა :·

(23) თავი :·

რაჲთა არა შევიდეს : დედა კაცი ეკლესიასა ჩუჱნსა არცა სადედოჲ მონასტერი აღეშენოს ოდესცა საზღვართა შინა მისთა :·

87. არა მნებავს უკუჱ რაჲთურთიით შესლვაჲ დედა კაცისაჲ ეკლესიასა ჩემსა გინა მონასტერსა რაჲთაცა მიზეზითა : არცა ცოლოსნისა კაცისა დამკჳდრებაჲ საზღვართა მისთა გინა თუ მოყმისა ვისიმე უწუჱრულისაჲ : რაჲთა არა სადა დასაბრკოლებელ იქმნას· არამედ კიდე ხოლო სოფელთა შინა და აგარაკთა იყვნენ

დავაყენებ აღშენებისაგანცა სადედოჲსა მონასტრისა საზღვართა შინა მონასტრისათა და ნუმცა იქმნების ესე ოდესვე · მიზეზითა იოვანეს დედისა და ეფრემის დისაჲთა : უფროჲსღა მათიცა ჯერ * არს სხუაგან მიცვალებაჲ მიერ : * p. 103
რაჲმეთუ დაუთრგუნველად ყოვლითურთ დედათაგან განვაწესეთ ყოფად ადგილი ესე : ვითარ ესე მებრ სიცოცხლესავე შინა ჩუჱნსა განვაგეთ რომელ ოდენ დღესასწაულსა წმიდისა ეკლესიისა ჩუჱნისასა მოვიდოდინ ლოცვად და დაჭყოფდენ ვიდრე ჟამის წირვისა ჟამადმდე : და მყის ხოლო მსწრაფლ განვიდოდინ მიერ და ამის ჯერისათჳს ვაფუცებ განკანონებით რაჲთა სხუასა არა რომელსა შინა ჟამსა იქმნას ესე :·

(24) თავი :·

რაჲთა : არა : ოდეს : დაიკარგოს : მონასტერსა : შიგნით : ბერძენი : ხუცესი : ანუ : მონაზონი : და თუ : რაჲ : არ[ს] : ამისი : მიზეზი :·

88. კუალად ვამცნებ ამასცა და შჯულ დებით დავამტკიცებ · რაჲთა არა ოდეს იყოს მონასტერსა შინა ჩემსა მკჳდრობით ბერძენი ხუცესი ანუ მონაზონი თჳნიერ ერთისა ხოლო მონაზუნისა რომელმან ჴელით წერილი იცოდის და მწიგნობასა იქმოდის და თავდსა თანა მივლინებოდის [1] წინამძღურისაგან და მონასტრისა საქმეთა იურვოდის ხოლო ამას ამისთჳს განვაწესებ ესრეთ დამტკიცეჲით რომელ ვითა არიან ბუნებით მძლავრნი და ანგაჭარნი და ჴელოვანნი მეშინის * თუ ნუთუ სავნებელი და დასაკლებელი რაჲმე შეამთხჳონ მონასტერსა : ანუ თუ წინააღდგომცა ადგილისა იქმნენ და სრულიად უფლებად მისსა ეცადნენ მამასახლისობად ჴელ ყოფითა ანუ სხჳსა რაჲსმე მიზეზისა სახითა : და თავისდად შექმნად ინებონ მონასტრისა : რომელი ესე მრავალ გზის გჳხილავს მათგან * p. 104

1 Sic.

ქმნილად ჩუენისა ნათესავისა უმანკოებისა და გულ მარტიობისაგან : თუ არა ნებითა ღმრთისაჲთა : ჭეშმარიტისა მართლმადიდებლობისა მათისა მიმდგომნი ვირთ და აღმსაარებელნი და მოწაფენი მათნი :·

(25) თავი :·

თჳსთა და ნათესავთა : ჩუენთა : და ყმათა : ჩუენთა : ქართველთა[1] : რომელნიცა : მონაზონებ[ისა] : წესსა : მოვიდოდინ : თუ : ვითარ : ჯერ : არს : შეწყნარებაჲ : მათი :·

89. ოჳკუეთუ იყვნენ სადა მახლობელთა თჳსთა ჩუენთა ცოცხალთაგანნი : მათ ვიტყჳ რომელნი აღრაცხილებისა წესითა მახლობელ ჩუენდა იყვნენ თჳსებით : და წესსა შინა მონაზონებისასა წურთილ და შესწავებულ იყვნენ და გონიერ და მეცნიერ განმგებელად მონასტრისა : და შემძლებელ ჯეროვნად და სამართლად შემირაცხიეს თავ
* p. 105 ყოფაჲ მათი საწინამძღუროდ · ვიდრე უცხ*ოჲ ვინმე და გარეგანი :

უკუეთუ კულა უცხო იყვნენ იგინი სამღდელოჲსაგან წესისა და მოღუაწებისა : და არა ხოლო მოღუაწებასა შინა იყვენ[2] უძლურნი არამედ შეუძლებელნიცა და უჴმარნი საერისკაცოჲსაებრ განგებისა · და არცა თუ გულ სავსებით მსახურებაჲ იცოდიან : ნუ იყოფინ მათდა ჴელთ დებად ესე ვითარისა ამის ადგილისა : რაჲმეთუ სამკჳდრებელი ესე ზოგად ცხორებულთათჳს და წესიერთა განმისაზღვრებიეს საყოფელად · რაჲთა აზნაურად ეგოს უკუნისამდე ყოველთაგან შორიელთა და მახლობელთა თჳსთა და ნათესავთა ჩემთა და არცა ერთსა ვის მათგანსა დაემორჩილოს : არამედ მარადის იყოს თჳთ ჴელმწიფე და თჳთ მფლობელ ყოვლით კერძო :·

ხოლო უკუეთუ ზემო თქმულთა ამათ ნათესავთა და

[1] სქართველთა. [2] Sic.

ყრმათა ჩუჱნთაგან : უსწავლელნი ლიტონნი ხოლჵ ვინმე იყვნენ ქართველთაგანნი და აღკუჱცაჲ ინებონ და განწესებულისა მის რიცხჳსაგან ძმათაჲსა დაკლებულ ვინმე იყოს : მაშა ჯერ არს მათი უფროჲს პატივცემაჲ და შეწყნარებაჲ და ადგილსა მას დაკლებულისასა დაწესებაჲ აღმავსებელად რიცხუსა ძმათა რავდენობისასა : ხოლო იგინი იყვნენ წესისაებრ მონასტრისა და ერთობისა მის ძმათაჲსა მორჩილებასა ქუჱშე წინამძღურისასა : და რიცხუსა მას ძმათასა ნუმცა დააკლდების ნუ ოდეს :· * * p. 106

(26) თავი :·

ლოღარიას : ქმნისათჳს : იკონომოსისა : და სხუათა : მსახურთაჲსა : წინამძღურისაგან : და წინამძღურისაჲ : ეპიტროპოსთაგან : და ძმათა :·

90. ჯერ არს და სამართალ რაჲთა წელიწადსა შინა ორ გზის · დიდი[1] იკონო[მო]სთა და მსახურთა : და ლოღარიასსა უქმოდის ერთ ჯერ სეკდენბერსა და მეორედ აღვსებასა შიშითა ღმრთისაჲთა და სამართალითა : და რაჲცა შემოსავალი იყოს აიღებდეს მათგან და აპოტიქსსა[2] შეუქმოდის დიდი იკონომოსი : და მამასახლისსა მისცემდეს · და მისგან იქმნებოდის ლოღარიასად და აპოტიქსსა აიღებდეს · მამასახლისი ეგრეთვე შიშითა ღმრთისაჲთა ეპიტროპოსთა მეცნიერებითა წარაგებდეს შემოსაგალსა · საკმრად ეკლესიისა და მონასტრისა და დანაშთომსა რომელი არა წარგებულ იყოს სარგებელად და კამსად მონასტრისა : მისცემდეს მეჭურჭლესა და დოშიარსა[3] და მისგან აპოტიქსსა აიღებდეს :

და ყოველთა აღვსებათა მამასახლისი იქმნებოდის ლოღარიასად იკონომოსთაგან და მეგანძურისა და სხუათაგან ძმათა · და ეგრეთვე მეგანძური რომელ არს დოშიარი

[1] Sic. Adiungendum est იკონომოსი. [2] 'Απόδειξις. [3] დოშლარსა.

გაიკითხვოდის ლოღარიასობით წელიწადსა შინა ორ გზის : მამასახლისისაგან და სხუათაგან ძმათა : და უკუჱთუ ამათგანსა ვისმე მოეხუჱჭოს ანუ ცუდად წარეგოს საკმართაგან
* p. 107 ეკლესიისა*თა ჯერ არს რაჲთა დაკლებული იგი და შეჭმული ეკლესიასავე შეუქციოს და თჳთ განიძოს მსახურებისაგან თჳსისა ·

და რომელი რაჲმე დაჰმეტდეს ეკლესიისა შემოსავალთაგან გარეშე ჩუჱნ მიერ განწესებულისა მის წარსაგებელისა · და სხჳსა მის ჯეროვნად წარგებულისა რომელიცა საკმრად და სარგე[ბე]ლად ეკლესიისა ქმნილ იყოს · იგი ყოველი დამარხულ იყავნ · რაჲთა სხუასა შინა ჟამსა ოდესმე საკმრად და სარგებელად ეკლესიისა წარეგოს :·

ამასცა განვაწესებ რაჲთა არა ოდეს დააკლდეს ვიდრე ათად ლიტრადმდე განძი საფასე მონასტერსა : რაჲთა საწინავროდ საკმრად ეგოს მონასტრისათჳს : მომავალსა შინა ჟამსა · და სხუაჲ რაჲცა ამისსა უმეტესი დაშთეს [1] მისცენ და ადგილი მოუყიდონ ეკლესიასა :·

(27) თავი :·

რაჲთა : ჴსენებასა : ჰყოფდენ : ყოვლადვე : მიცვალებულთასა : ჟამის : წირვითა : და სამღდელოთა : შინა : საჲდუმლოთა : მოიჴსენებდენ : სულსა [2] შესვენებულთასა : დაუცხრომელითა : ლოცვითა :·

91. ამასცა ყოვლად მცნებად მიგცემ თქუჱნ : მამანო და ძმანო ყოვლითა დამოწმებითა და სიმტკიცითა · და კანონებით დაშჯითა და აღვწერ მტკიცედ რაჲთა ყოვლადვე და მარადის დაუხრწეველად აღასრულებდეთ · საჲდუმლოსა საღმრთოჲსა მის მსხუჱრპლისასა · და მარადის იჴსენებიანმცა ჩუჱულებისაებრ სულნი შესვენებულთა ყოველთა ქრისტიანეთა ქრისტეს მიერ ძმათა ჩუჱნთანი : ვითარ იგი

1 დამაეს. 2 Sic.

მებრ დასაბამითგან წესად მოგჳღებიეს ზეგარდამო და ვიდრე მოაქამდე მადლითა ღმრთისაჲთა * დამარხულ არს * p. 108 ყოველთა შინა ეკლესიათა : ეგრეთვე სახედ თქუენცა დაჰმარხეთ : რაჲმეთუ ესე არს საქმე შუენიერი და სათნოჲ ოჳფლისაჲ : და თანა აც ყოველთა მორწმუნეთა შეურყეველად დაცვაჲ ამის ესე ვითარისა მცნებისაჲ და უფროჲსღა მონაზონთაგან : რაჲმეთუ ამის მიერ ყოველი ძალი წინააღმდგომისა ჩუენისა ეშმაკისაჲ დაიჴსნების :·

92. და ეგრეთვე ეგუტერსა შინა წმიდისა იოვანე ნათლისმცემელისასა მღდელი ერთი დაიკარგოს რაჲთა მარადის დაუცხრომელად ჴსენებასა ჰყოფდეს შესვენებულთასა : და კუალად აღესრულებოდენ ყოველთა ძმათა საჴსენებელი ღამის თევითა და პანაშჳდითა და ჟამის წირვითა ვითარცა ზემო წერილ არს და არა ესე ოდენ არამედ უკუეთუ მორწმუნეთაგანმან ვინმე გარეთ მოღმართ ძღუენი შემოწიროს: და საკმართა მიერ ქველის საქმითა ჰმსახუროს მონასტერსა ამას : და გინა თუ ლოცვითა მოჴსენებისა მისისათჳს ყოს ესე ანუ თუ წლითი წლად ჴსენების ყოფისათჳს ჯერ არს რაჲთა ყოველთა ულოცონ მას კელ აპყრობით : და ჩუენის ამისებრ და მცნებისა მოიჴსენებდენ წმიდათა შინა ჟამის წირვათა და ამის ყოვლისა დაუხრწეველად და უქცეველად პყრობად ვამცნებ ყოველთა რომელნიცა შემდგომად ჩუენსა მომავალ არიან ვიდრე აღსასრულადმდე ამის საწუთროჲსა :·

(28) თავი :·

მოუძლურებულთა : და მოხუცებულთა : ძმათათჳს : თუ : ვითარ : ჯერ : * არს : * p. 109 განსუენებაჲ : და ფუფუნებაჲ : მათი :·

93. ხოლო რომელნი იგი მოუძლურდენ ძმათაგან ჭირვესჳლნი[1] სნეულებითა გინა თუ სიბერითა ანუ სხჳთა

[1] Sic; fortasse ჭირვეულნი.

რაჲთმე მიზეზითა სენთაჲთა : მათი ჯერ არს უმეტესად ღუწოლაჲ და ფუფუნებაჲ საზრდელითა და სასუმელითა · და ეგრეთვე მათ თანა აც მოთმინებაჲ და არა სულ მოკლე[ო]ბით დრტჳნვაჲ : და რაჲთა თჳთ მათ თავადთა და რომელნი იგი ჰმსახურებდენ მათ ზოგად სასყიდელი მიიღონ მართლ მსაჯულისა მის მიერ ქრისტეს ღმრთისა ჩუჱნისა : რაჲმეთუ ესე არს ნანდჳლვე ნებაჲ ღმრთისაჲ · რომელ არს მოყუასთა მიმართ კეთილის ყოფაჲ და სიყუარული მათი და სიტკბოებისა ჩუჱნებაჲ :·

94. და არა ხოლო ესე ოდენ თანა აც წინამძღუარსა რაჲთა კორციელთათჳს ხოლო ზრუნვიდეს ; არამედ სულთაცა მათთაჲ უკმს გამოზრდაჲ · სიტყჳთა მით მოძღურებისაჲთა : და არა სიტყჳთა ხოლო არამედ საქმითაცა · რაჲთა მსგავსად მკურნალისა კელოვნისა ჰკურნებდეს სულთა მათთა : რაჲმეთუ ესე არს მებრ საძიებელი ჩუჱნი რომლისათჳს ყოველი სიტყუაჲ და საქმე მოღუაწებისაჲ სრულ იქმნების და რომლისა უმეტეს სათნო ღმრთისა არა რაჲ არს : ესე იგი არს უწესოთა და ლირწთა წესიერებად მოყუანებაჲ : მომთრვალეთა მარხვითა განმკნობაჲ : მრისხანეთა სიმშჳდისა და სულგრძელებისა სწავლაჲ · ამპარტავანთა სიმდაბლითა განშუჱნებაჲ · რაჲმეთუ ესე არს სიბრძნე პირველი ესე არს სიბრძნის მოყუარებაჲ საღმრთოჲ : ესე არს ხატი და მსგავსებაჲ · ღმრთისაჲ კაცობრივისაებ ძალისა და ბაძვაჲ მისი : რომელმან იგი უძლურებანი ჩუჱნნი
* p. 110 იტჳრთნა და * სნეულებანი ჩუჱნნი განკურნნა : რაჲნეთუ რაჲღამცა სხუაჲ იყო ეგე ვითარი იგი გარნა პირი ღმრთისაჲ ვითარცა იტყჳს წინასწარმეტყუჱლი : ვითარმედ რომელმან გამოიყვანოს პატიოსანი უპატიოებისაგან პირ ჩემდა იწოდოს და ხატ ხატიერებისათჳს პირმშოსა მას სახესა მიმსგავსებითა :·

(29) თავი :·

სამთა : მათ : ჩემ მიერ : აღშენებულთა : ქსენადოშთა : თჳს : რომელ : არიან : უცხოთ : სადგურნი :·

95. ხოლო რომელი იგი სოფლისა სტენიმახისა ქუჱმო კერძო ორთა მათ გზათა ზედა აღვაშენეთ ქსენადოში ერთი განუწესებ და განუსაზღვრებ მას · მისვე სოფლისა სტენიმახისა შემოსავლისაგან რაჲთა მიეცემოდის მგზავრთათჳს და გლახაკთა ყოველთა შინა დღეთა წელიწდისათა დიკაჲ ორი მოდი ღჳნოჲ ორი მეტროჲ და საწუნე რაჲცა ღმერთსა მოეცეს ცერცოთაგან და მხალთა : განუწესე წისქჳლიცა ერთი სასეფოთა წისქჳლთაგან რომელ არიან სტენიმახს : რაჲთა საფქავსა[1] დაუფქვიდეს · და გლეხი ერთი უღლისა უფალი თავის უფლად სხჳსა ყოვლისა სამსახურებელისა და ჭირისაგან მასვე სოფელსა შინა · რაჲთა ოდენ სამწიროსა მას ჰმსახურებდეს · შეშისა მოღებითა და წყლისაჲთა და სხუაჲ რაჲცა უკმდეს სამსახურებელი · და კაცი ერთი სარწმუნოჲ[2] მემწირედ მონაზონთაგანი · რომლისა ჴელითა განიყოფვოდის დაწესებული ესე საზრდელი გლახაკთა და მოგზაურთა და იყავნ იგი წმიდა გონებითა და მოშიში ღმრთისაჲ რაჲთა შიშითა ღმრთისაჲთა ჰყოფდეს განყოფასა მას შეუორგულებლად[3] : და აღიღებდეს ძმათა თანა მონასტრისა*თა წესთასა თჳსსა და როქსა ვითარცა ერთი * p. 111
მესამისა დასისაგანი :

და იყვნენ ქსენადოშსა მას შინა ცხედარნი მრავალნი და ფურნე და თორნე განჴურვებულნი ზამთრისა დღეთა სტუმართათჳს სატფობლად და განსაკმობელად და განსასუჱნებლად : და უკუჱთუ დაუძლურდეს ვინ მოსრულთა მგზავრთა და სტუმართაგანი ჯერ არს მათი განსუჱნებაჲ სამ დღე და ეგრეთ წარგზავნაჲ : უკუჱთუ კულა სრულიად მოუძლურდეს და ვერ ეძლოს სლვად ჯერ არს მუნამდის

[1] Sic. [2] სარწმონოჲ. [3] შეოურგულებლად.

დამჭირვაჲ მისი და განსუჱნებაჲ ვიდრე სრულიად განმრთელდეს :·

აღიშენოს უკუჱ სამწიროჲსა მის თანა ბორცუსა ზედა კოშკი ერთი რაჲთა საკმარი რაჲცა იყოს მას შინა დაიმარხოს და არა ვის კელ ეწიფოს მძლავრთა მგზავრთაგანსა უნებლებით მიტაცებად :·

96. ხოლო ქსენადოში მარმარისაჲ რომელ არს კიდსა ზედა : და მეორე ქსენადოში ნიკოლ წმიდისაჲ რომელ არს ზღჳს [1] კიდესა · რომელნი აღვაშენენით საკსრად ნეტარისა ძმისა ჩუჱნისა : განვაწესე ეგრეთვე რაჲთა იყვნენ მსახურად მათ შინა მონაზონნი ორნი ერთი მუნ და ერთი მუნ : და აღიღებდენ იგინიცა როქსა ვითარ იგი აიღებს სტენიმახელი · და მიეცემოდის სასტუმროსა მარმარიისასა [2] სოფლისა ზრავიკისა შემოსავლისაგან ყოველთა დღეთა დიკაჲ მოდი [3] ერთი და ღჳნოჲ მეტროჲ ერთი და გლეხი ერთი გაუთავისუფლონ მფქველად და მრეშუჱლად და მერწყულად და სხუა რაჲცა უკმდეს ქსენადოშსა მსახურად :·

და ეგრეთვე მიეცემოდის ქსენადოშსა ნიკოლ წმიდისასა
* p. 112 შემოსავალისაგან სოფლისა პრილონგისა ყოველთა * დღეთა დიკაჲ მოდი ერთი და ღჳნოჲ საწყაული ერთი და სხუაჲ საწუნე რაჲცა ღმერთსა მოეცეს გინათუ ცერცჳ გინათუ მხალი : და გლეხი ერთი მუნითცა გაუთავისუფლონ · რომელ საფქავსა [4] უფქვიდეს და შეშასა მოართუმიდეს და სხუაჲ რაჲცა სამსახურებელი იყოს ქსენადოშისაჲ იქმოდის :

რომლისათჳს ვაფუცებ ყოველთა ღმერთსა ცხოველსა და უბიწოსა დედასა მისსა : რაჲთა არა ოდეს დაიხრწიოს განწესებაჲ ესე სასტუმროთაჲ ამათ : არცა რაჲ დააკლდეს ჩუჱნ მიერ განჩინებულისა ამისგან მისაცემლისა დიდი გინა მცირე კნინ ოდენიცა : და მრწამს მე ღმრთისაჲ და

[1] ზეჳს. [2] Sic. [3] Μόδιος. [4] Sic.

წმიდათა მისთაჲ : რომელ დაღაცათუ სხჳსა არა რაჲსათჳს გარნა ამისთჳს მებრ უკუეთუ ვინ დაჰმარხოს წესი ესე : ღმერთმანცა მიზეზმან კეთილისამან დაუკსნელად და შეუხებელად ყოველთაგან ბოროტთა დაიცვას ადგილი ესე და უკუეთუ უმეტესად და უდიდესად აღემატოს შემოსავალი მონასტრისა ჩუენისაჲ თანა აღემატებოდენ სტუმართ მოყუარებისაცა ესე წესი და უკუეთუ არა მაშა· რომელი ესე განვაჩინეთ : ნუმცა ოდეს დააკლდების : არამედ უფროჲსღა შეურყეველად და მტკიცედ ეგენ ყოვლადვე : უკუეთუ კულა ინებოს ვინ შემდგომად ჩუენსა დაკსნად ესე ვითარისა ამის სტუმართ მოყუარებისა წესი : ბრალად დიდად შეერაცხენ მას და ცოდვათამცა ჩემთა მზი[დ]ველი არს წინაშე ღმრთისა :·

(30) თავი :·

ჩუენ მიერ პირველ : წინამძღურად : დადგინებულისა : გრიგოლ : ვანელისა : სა*კსენებელისა : თჳს :· * p. 113

97. პირველ ადრით ჟამითგან შეყუ[ა]რებულ იყო ჩუენ მიერ მონაზონი ესე სანატრელი გრიგოლ : და მასცა სარწმუნოებით და მკურვალითა გულითა ემსახურა ჩუენდა და გჳლოცვიდა : და უფროისღა აწინდელსა ამას ჩუენ მიერ დადებულსა : მისდა მსახურებასა და ზედა მდგომელობასა შინა ეკლესიისასა და მონასტრისა შენებისასა კეთილად წარმართებითა და უცონილად მისდა რწმუნებულისა მსახურებისაჲთა უმეტესსა მიემთხჳა ჩუენ მიერ სიტკბოებასა და სიყუარულსა ამისთჳს ჩუენცა მისდა მიმართ მოწლეობითა სიყუარულისაჲთა განჩინებით[1] დავაწესეთ დღე კსენებისა მისისაჲ : რაჲთა დღესასწაულსა წმიდისა გრიგოლ ღმრთის მეტყუელისასა აღესრულებოდის საკსენებელი მისი : და თანა აც ყოველთა მღდელთა

[1] განცინებით.

და ძმათა ბრწყინვალედ დღესასწაულობაჲ ყოვლითა გან-გებითა და მისთჳს ჟამის წირვითა და ნუგეშინის ცემად ძმათა უმეტესთა საზრდელთა მიერ და სასუმელთა და მიეცეს მას დღესა შინა წარსაგებელი გასაყოფელად გლა-ხაკთა ექუსი დრაჰკანი : და ჟამსა მიცვალებისა მისისასა მესამესა დღესა და მეცხრესა და მეორმოცესა და წელი-წდისა აღსრულებასა ვითარცა ზემოჲ წერილ არს სხუათათჳს
* p. 114 მიცვალებულთა წინამძღუართა ეგრეთვე მის * ზედა აღეს-რულოს ყოველივე :·

და უკუჱთუ ზემოჲ კსენებულმან ამან მამა[მა]ნ დაიცვას ყოველივე რაჲცა მოწევნულსა ამას ტიპიკონსა სწერია სრულებით შეურყეველად და არა მაოკრებელ იპოოს მონასტრისა ჩუჱნისა დიდითა რაჲთ გინა მცირითა იყავნ იგი კურთხეულ : ხოლო უკუჱთუ იპოვოს ცხორებასა შინა თჳსსა გინა შემდგომად სიკუდილისა ცთომასა რას შინა საკსენებელისა წილ წყევაჲ მიიღენ· და უცხოჲ იქმენინ წმიდისა ამის მონასტრისაგან და ძმობისაგან მისისა :·

(31) თავი :·

მოყმეთა : თჳს : დიაკონთა : თუ : სადა : იყვნენ : ანუ : ვითარ : განისწავლნენ :·

98. განვაწესეთ უკუჱ ყოფად მოყმეთა მოსწავლეთაჲ ნიკოლ წმიდას რომელ არს ძახლობელად ციხისა სოხას-ტერი : დაიკარგოს მას შინა მღდელი ერთი წმიდაჲ და მოღუაწე მოხუცებულთაგანი ღირსად ჟამის მწირველი და აიღებდეს როჲქსა და საზრდელსა და სხუასა ყოველსა საკმარსა : სწორად სხუათა მათ მღდელთა რომელნი იყვნენ დიდსა მონასტერსა · და ჰმსახურებდეს წმიდასა მას ტაძარსა გალობითა და კურთხევითა და მსგეფსსა შინა სამსა დღესა სასეფოდ ჟამსა წირვიდეს : ერთსა დღესა მამისა
* p. 115 ჩემისა ბაკურიანისათჳს : * და ერთსა დღესა მამის ძმისა ჩემისა ხუასროვანისათჳს · და ერთსა მამის ძმის წულისა

ჩემისა ბაკურიანისათჳს და განეწესოს დიდისა ეკლესიისაგან და წინამძღურისაგან მიცემად საკუმეველი ზეთი და სათნელი და მხჳმელი და ზედაშე ვითარცა შეჰგვანდეს ზემოჲ თქმულსა მას ეკლესიასა და ტაძარსა წმიდისა ნიკოლაოზისასა· და იყვნენ წმიდასა მას ეკლესიასა ნიკოლ წმიდისასა მღდელსა მას თანა სასწავლოდ ყრმანი ექუსნი და აიღებდენ მონასტრისაგან: საზრდელსა თჳსსა და სამოსელსა ვითარ იგი შეჰგვანდეს ვიდრემდის დაისწავლონ სრულიად ყოველი წესი სამღდელოჲ და ოდეს ჰასაკად მოიწინენ და წუჱრითა გასრულდენ· მაშინღა რომელნიცა ღირს მღდლობისა იყვნენ მათგანნი ხუცად იკურთხნენ და შეწყნარებულ იქმნენ დიდსა მონასტერსა: და ჟამსა წირვიდენ სხუათა თანა მღდელთა: თუცა თუ არა დაჰკლებოდის რიცხუსა პირველ განწესებულთა მღდელთასა· და იღებდენ იგინიცა ყოველსა მისაცემელსა ვითარ სხუანი იგი ჟამის მწირველნი: ხოლოჲ რომელნი არა ღირს იყვნენ მათგანნი მღდელობასა განისხნენ მიერ: გარნა რიცხუსა ყრმათასა ნუმცა ოდეს დაკლებულა ნიკოლ წმიდას სწავლისაგან:·

(32) თავი:·

საკარგავისა: არავისდა: მიცემისათჳს: არცა განსყიდისა[1]:·

99. განვაყენებ ამისგანცა და რაჲთურთით არა მივსცემთ მიშუჱბასა ვითარმცა აღმოსავალე*თისა გინა დასავალეთისა * p. 116
მონასტერთა წესისაებრ წინამძღუარმან საკარგავი მისცა ვის ძმათაგანსა მონაგებთაგან მონასტრისათა: ანუ გლეხი ანუ მიწაჲ ანუ ვენაკი ანუ ბოსტანი გინა თუ სხუაჲ რაჲცა რაჲ ესე ვითარი რაჲთა არა დაიჴსნას ერთობაჲ ძმათაჲ:

ეგრეთვე განსყიდასა და განიჭებასა ვისსაცა პირსა არა უწამებთ და ამას ყოვლითა სიმტკიცითა ვამცნებთ რომელი

1 Sic.

ესე ნუ იყოფინ ყოფად ოდესვე · გარნა გლეხთა ხოლო მიეცემოდის საკარგავი რომელნი ეკლესიასა ჰმსახურებდენ და თანა ნადებსა თჳსსა გარდაიგდიდენ :·

(33) თავი :·

კრძალვით : დამარხვისათჳს : გუჯარისა : ამის : განსაგაბელისა : რომელ : არს : ტიპიკონი : და რაჲთა : ეკლესიისა : ჩუჱნისა : დღესასწაულსა : და სამთავე : წმიდათა : მარხვათა : შემოსლვასა : წარიკითხვოდის : ტი[პ]იკონი : ესე : საეროდ სრულებით :·

100. ვაფუცებ ოჳფლისა მიმართ და სიტყუასა დავდებ ყოველთა თანა რაჲთა არაჲ ოდეს დააკლოს ვინ ჩუჱნ მიერ დადებულთა ამათ წესთაგან · არცა გარდაჰგდეს კანონთა ამათ : უკუჱთუ კულა ინებოს ვინ დაგსნად სჯულის დებაჲ ესე ანუ მცნებაჲ განწესებულისაჲ ამის შეცვალოს[1] : ანუ[2] და რაჲ აკლოს ამისგანი : ანუ თუ იოტა ოდენი ერთი რქაჲ გამოიღოს ამისგან : გინა თუ ყოვლითურთ მებრ სრულიად
* p. 117 მოპარვაჲ ანუ წარწყმედაჲ * და გამოკუებაჲ მონასტრისა ამისგან მოიგონოს : წინამძღუარმან ანუ ძმათაგანმან ვინმე : ანუ თუ სხუამან რამცა გუარმან კაცმან : დასჯილ იყავნ ღმრთისაგან და ყოველთა წმიდათა მისთაგან და ბრალთა და ცოდვათა ჩემთა თანა მდებ იყავნ წინაშე ქრისტესა :·

ხოლო რომელთა განკრძალულად და შიშით დაიცვან წმიდათა მამათაგან განწესებული ესე ტიპიკონი და ჩუჱნ მიერ დამტკიცებული ესე განსაზღვრებაჲ ბრალობისა ჩუჱნისაგან თავისუფალ და კურთხეულ იყავნ ოჳფლისა ჩუჱნისა იესოჳჲს ქრისტეს მიერ რომლისა თანა მამასა სულით წმიდითურთ შუჱნის დიდებაჲ მთავრობაჲ და პატივი აწ და მარადის და უკუნითი უკუნისამდე ამინ :·

* * *

[1] შეხვალოს. [2] ანყ.

101. სიწმიდისა : სამსახურებელთა : თჳს : და ხატთა : და ჯუართა : თჳს : და ყოველთავე : პატიოსანთა : სამკაულთა თჳს : რომელნი : მიგჳცემიან : და დაგჳმტკეცებიან : და დაგჳსხმან : პირველ : თქუმულსა : ეკლესიასა : და მონას-ტერსა : ჩუჱნსა : და ეგრეთვე : ოთხ : ფერგთა : თჳს : და : ყოვლისა : ფერისა : თჳთო : სახეობისა : თჳს : რომელნი : მივსცენით : წმიდასა : ამას : მონასტერსა : რომელ : არიან ესე :·

ხატნი ოქროჲსანი შემეფტონითა [1] ორნი რომელთა შინა სუჱნებიან ნაწილნი ძელისა ცხორებისანი : და სხუაჲ ხატი ერთი დიდი შემეფტონითავე ფერისცალებისა ოჳფლისაჲ : და სხუაჲ ხატი ერთი დიდი შემეფტონითა რვაკედლოვანი : და სხუაჲ ხატი ერთი მცირაჲ კარედი წმიდისა ღმრთის მშობელისაჲ შემეფტონითავე :·

ჯუარი პატიოსანი ერთი დიდი შემეფტონითა და თუალე-ბი*თა წმიდისა საკურთხეველისაჲ : და სხუაჲ ჯუარი ერთი * p. 118
ვეცხლისაჲ სადროშაე წითლითა თუალებითა და ჯუარი ერთი შემისაჲ ოქროჲთა მოჭედილი და ზედა ხუთი თუალი მკიე იაგუნდი : და სხუაჲ ხატი ერთი ქვისაჲ ექუს კარედი ჯუარცუმისაჲ სხუაჲ ხატი ერთი დიდი შემისაჲ პეტალოჲთა ვეცხლითა შემოჭედილი წმიდისა გიორგისი · სხუაჲ ხატი ერთი წმიდისა გიორგისი და თეოდორესი სარუთითა [2] და ვეცხლითა მოჭედილი : და სხუაჲ ხატები შემისაჲ ოქრო პეტალოჲთა შეკაზმული რიცხჳთ ოცდა შჳდი : და კანკელი დიდისა კონქისაჲ რომელსა აქუს გამოსახულად ათორმეტი საჲდუმლოჲ განგებულებისა ქრისტესი :·

ბარძიმ ფეშხუჱმი ვეცხლისაჲ ოქროჲთა ცურვებული თუალებითა რომელთაგან აკლს თუალი ათერთმეტი :· [3] ბარძიმი ერთი იასპი ოქროჲთა და შემეფტონითა შეკა-ზმული : სხუაჲ ბარძიმ ფეშხუჱმი ვეცხლისაჲ ხატოვანი სამი წყვილი :· კოვზი ვეცხლისაჲ ერთი :· საცეცხურნი

[1] Χείμευσις, χειμευτός. [2] Σαρούτην. [3] Textus graecus habet « duodecim » (p. 53).

ვეცხლისანი სამნი · სასაკუმევლე ვეცხლისაჲ ერთი :· დურჯი ერთი ვეცხლისაჲ სანაწილე სიწმიდისაჲ ერთი :· ქორაკანდელნი ვეცხლისანი ორნი თავეთ ჯაჭუჱბითა ერთი მათგანი ოქროჲთა ცურვებული არს :

102. სახარებაჲ ერთი ბერძული ოქროჲთა და შემეფტონითა შეკაზმული რომელსა ზედა სხენან თუალნი დიდ

* p. 119 ფასისანი : სხუაჲ სახარებაჲ ერთი ქართულად წერილი * ოთხთავი ვეცხლითა შეჭედილი ოქრო ცურვებული :· სხუაჲ სახარებაჲ ერთი მცირე ოთხთავი ვეცხლითა მოცუარული : სხუაჲ სახარებაჲ დიდი მრგულად წერილი ოთხთავი ეგრეთვე ვეცხლითა მოცუარული : სხუაჲ სახარებაჲ ერთი გამოკრებული ვეცხლითა შეკაზმული და ოქროჲთა ცურვებული : სხუაჲ სახარებაჲ ერთი გამოკრებული ლიტონად შემოსილი :·

წიგნი ერთი თარგმანებაჲ სახარებისა იოვანეს თავისაჲ : წიგნი ერთი ღმრთის მეტყუჱლი : წიგნი ერთი წმიდისა ბასილის ითიკაჲ : სხუაჲ წიგნი ერთი დიდი მრავალ თავი : სხუაჲ წიგნი ერთი ცხორება წმიდისა სჳმეონისი : სხუანი ორნი წიგნნი წმიდისა მაქსიმესნი : სხუანი ორნი წიგნნი კლემაქსნი : სხუანი ორნი წიგნნი წმიდისა ღმრთის მშობლისა ცხორებაჲ : სხუაჲ წიგნი ერთი სტოდიელი :

სხუანი წიგნნი სათუენი [1] სამნი : სხუაჲ წიგნი ერთი საგალობელი რვათა ჴმათაჲ : სხუაჲ წიგნი ერთი სჳნაქსარი : სხუაჲ წიგნი ერთი კურთხევანთაჲ : სხუანი ორნი წიგნნი გამოკრებულნი პავლესნი : სხუაჲ წიგნი ერთი ოცდა ოთხთა ჟამთაჲ : სხუაჲ წიგნი ერთი ეკლესიისა კურთხევაჲ ვეცხლითა მოცუარული : სხუაჲ წიგნი პარაკლიტონი ორხთა ჴმათაჲ : სხუაჲ წიგნი ერთი წმიდისა ისაკისი : სხუაჲ წიგნი ერთი გამოკრებული იადგარი :· დავითნი ერთნი :·

p. 120_{1-13} **103.** დურაჲ სამეუფოჲ ოქ*სიკასტორი [2] ოთხი ერთი მათგანი ოქრო ქსოვილი არს : სუდარაჲ ოთხი ოქრო წერი-

[1] Sic. [2] Ὀξυκάστωρ, cfr Κουκουλε, Βυζαντινῶν βίος καὶ πολιτισμός, II, Athenis, 1948, p. 37, 41.

ლითა ალმითა : სტავრაჲ სამოსელი უკერავი ოქსიკასტორი ორი : სკარამანგნი [1] მძიმენი ხუთნი : სტავრაჲ ერთი სხუაჲ ტრივლატი (?) : სხუაჲ საკურთხეველისა საბურავი შეკერული სკარამანგი დურანგითი წმიდისა წესითა ყოვლითა : სხუაჲ საბურავი საკურთხეველისაჲ ორთა ეგუტერთაჲ სრულებით : სხუაჲ საკურთხეველისა საბურავი ერთი თეთრი ექსამიტონი [2] რომელსა აქუს ხატი წმიდისა ღმრთის მშობელისაჲ მარგალიტოვანი : სამღდელოჲ შესამოსელი რიზისაჲ : * * p. 128_{15}

* * *

104. და რომელი : სხუაჲ : მივეცით : პატიოსანსა და წმიდასა : ეკლესიასა : ჩუჱნსა :·

მიხაელ მეფისა მოგემული ყელსა სასუჱნებელი ჯუარი პატიოსნისაგან ძელისა ცხოვრებისა : და ეგრეთვე ხოთათორისა მოცემული ჩემდა ლეღატად ყელს სასუჱნებელი ჯუარი პატიოსნისაგან ძელისა ცხოვრებისა : და სხუაჲ მისგანვე დატეობილი ჩემდა მცირე ხატი რომელსა შინა სუჱნებია ცხოველს მყოფელისა სისხლისაგან ქრისტეს * * p. 129
ღმრთისა ჩუჱნისა და ესენი დაისხნეს ვეცხლ[ი]სა ბუდეთა ოქროვანთა შინა ვითა სხუანი იგი პატიოსანნი ჯუარნი რაჲთა არა ვისი ჴელი შეეხებოდის და ზაკულებაჲ რამე შეემთხჳოს :·

მივეც საზოლავროჲ ჯუარი ერთი სხუაჲ ვეცხლისაჲ ოქროჲთა ცურვებული :· მივეც ვეცხლისა კაწინი ერთი დიდი თეთრი : და სხუაჲ მივეც მცირე კაწინი [3] ერთი ვეცხლისაჲ ოქროცურვებული და კანინი მისი :·

მივსცენ ვეცხლისა აპალარნი სამნი რაჲთა შექმნენ ზემო თქმულთა წმიდათა შთასასუჱნებელნი ბუდენი და სამწერობელნი და სხუაჲ სამსახურებელი ეკლესიისაჲ რაჲცა ჴმდეს :·

[1] Σκαραμάγγιον. [2] 'Εξάμιτον. [3] Κανίσκιον ?

მივეც ვეცხლისა შრინიდოქსესტი[1] წყვილი ერთი :· მივსცენ ჭიქისაცა ჭურჭელნი პატიოსანნი : ბროლისა ღუ-დედიკი ერთი გამოქანდაკებული :· ჭიქაჲ ბროლისაჲ ფსკერედი სადაგი დიდი ერთი · სხუანი ბროლისა ჭიქანი ფსკერედნი[2] გა[მ]ოჭრილნი ორნი : სხუაჲ ჭიქაჲ ბროლისაჲ მცარაჲ[3] ერთი : სხუაჲ ბროლისა მცირე კეფი ერთი გამო-ქანდაკებული : სხუა ბროლისა წყლის სასუმელი პირცხავი კუტალი ერთი :· მუღამი კეფი ერთი ძუძოანი მახრუდი[4] ყელ იწროჲ კუტალი ერთი :· მახრუდივე ჭიქაჲ დიდი ერთი :· მუღამი ჭიქაჲ დიდი ერთი :· მახრუდი ორბაგედი ნავის სახე ჭიქაჲ ერთი :· მახრუდი კეფი ერთი სხუაჲ :·
* p. 120_{14} მწუანე მინაჲ კეფი ერთი[5] :· *

105. …[6] სხუაჲ ოქრობეჭედი ორი ჩემთა პრასტინთათჳს რომელნი არმენაკთა მქონდეს · ერთი ლავაკაჲსაჲ არს და ერთი არნასაკისა · და მარტისპაჲსაჲ : სხუაჲ ოქრობეჭედი ერთი მონასტრისა კიურა ევფოსინესი რომელ არს ხრუ-სოლვადსა : სხუანი ოქრობეჭედნი სამნი მიხაელ მეფისანი მისინოპოლისა პრასტინთათჳს : სხუაჲ ოქრობეჭედი ოთხი ფილიპოპოლისა პრასტინთათჳს : სხუაჲ ოქრობეჭედი ერთი უბრალოებისათჳს კარს თავადობისა ჩემისა : სხუაჲ
* p. 121 ოქრო*ბეჭედი ორ[ი] განუკითხველობისათჳს კარნუ ქალაქს მთავრობისა ჩემისა : სხუაჲ ოქრობეჭედი თავისუფლად ყოფისათჳს პრასტინთა ჩემთაჲსა რომელ არიან ფილიპო-პოლისს და მისინოპოლისს[7] შინა : სხუაჲ ოქრობეჭედი ერთი სოფლისა ქსანთიისათჳს : სხუაჲ ოქრობეჭედი ერთი მარღონაჲსა ჭილსა ზედა წერილი რომელი იგი წინდად მაქუს : ლიველონნი[8] ორ [ერ]თი მათგანი არს ეფდოკი-მოჲსათჳს და ერთი სოფლისა კოტრიაჲსათჳს :·

სიმიოსინი[9] ერთი მიხაელ მეფისაჲ პეწინაგისა ჰარბევი-სათჳს[10] : ეგრეთვე სიმიოსინი ერთი სხუაჲ მისვე მეფისაჲ

[1] Χερνιβόξεστον. [2] ფსცერედი. [3] Sic. [4] Μαχρούτιον.
[5] quaedem desiderantur. [6] Pauca desiderantur. [7] მისინოპოპო…
[8] Λίβελλος. [9] Sic. σημείωσις. [10] Sic.

ფილიპოპოლისა მიტროპოლიტისა საქმისათჳს სხუაჲ ოქრობეჭედი ერთი[1] ვოტანიატისაჲ[2] რომელსა შინა არს სიმიოსინი პრასტინთათჳს ფილიპოპოლისათა[3] :·

სამეუფოჲ წიგნიბი რომელნი კატასტროს[4] ქმნილ არიან სიკრიტონთა[5] შინა : და სხუაჲ წიგნები თჳთოსახეთა პირთათჳს სამოცდა ექუსი : და სამთა ოქრობეჭედთა სწორნი აღმოსავალეთისა პრასტინთათჳს :·

106. ოქრობეჭედთა : თჳს : რომელნი : დაისხნეს : ნამარხევად : მონასტერსა : ჩუჱნსა : და არიან : ესე :

ოქრობეჭედი ორი უბრალოებისათჳს მთავრობისა ჩემისა დიდსა შინა დემესტიკოსობასა : ოქრობეჭედი ერთი სხუაჲ ციხისა ვანკაჲსათჳს და სოფლისა ჩრვენაისა : სხუაჲ ოქრობეჭედი ერთი ველტიოს[6] ქმნისათჳს * პრასტინთა ჩემთაჲსა * p. 122 და მათ შინა ციხის გებისა და სოფლისა და მონასტრისა შენებისაჲ : სხუაჲ ოქრობეჭედი ერთი მაგისვე პირისათჳს და ვითარმედ უკუჱთუ გამრავლდეს შემოსავალი პრასტინთა ჩემთაჲ უურვაობაჲ[7] გუაქუნდის მე და ყოველთა ჩემთა შემდგომად ჩემსა : ოქრობეჭედი ოთხი მონასტრისა ჩუჱნისა პეტრიწონისაჲ : უფლებისათჳს და ჰჳთ მფლობელობისა : და მაგისვე მონასტრისაჲ ყოვლადვე აზნაურად ყოფისათჳს და პრასტინთა ჩემთათჳს რომელნი დაუმტკიცენ მონასტრსა მაგას : სხუაჲ ოქრობეჭედი ერთი სპაზმაჲსა და ბანკალიწისათჳს : სხუაჲ ოქრობეჭედი ორი უბრალოდ ყოფისათჳს და ულოღარიასოდ დადგრომისა ჩუჱნისაჲ სამეუფოჲსა განძისათჳს რომელი წარვაგეთ კომანთა გამოყვანებასა შინა : სხუაჲ ოქრობეჭედი ერთი უბრალოებისათჳს თემისა ზმოლინაჲსა : ხხუაჲ ოქრობეჭედი ორი აკრიტონისა[8] პრასტინთა ჩემთა შიკონისა და ქართფრთიკისათჳს : სხუაჲ იქრობეჭედი სამკაულთათჳს პრასტინისა მონასტრისა ხახულისაჲ[9] : სხუაჲ ოქრობეჭედი

[1] ერთაჲ. [2] Βοτανιάτης. [3] ფილიიოპოლ ... [4] Καταστρωννύναι, cfr DÖLGER, *Beiträge*, p. 97. [5] Σεκρέτον. [6] Βελτίωσις. [7] უურაოზაჲ. [8] Sic : საკრიტონისა? [9] Sic. Chachuli in Iberia?

ერთი რაჲთა კელმწიფებაჲ მაქუნდეს პრასტინთა ჩემთა ვინაჲცა მენებოს ნათესავთა ჩემთა და მსახურთა ჩემთა დაღაცათუ სომეხნი იყვნენ სარწმუნოებითა :·

* p. 123 ოქროზეჭედისა ს*წორი ერთი პრასტინთათჳს ვოლერონისა და მისინოპოლისათა : სხუაჲ ოქროზეჭედისა სწორი ერთი ფილიპოპოლისა პრასტინთა ჩემთათჳს : სხუანი ოქროზეჭედთა სწორნი სამნი ფილი[პო]პოლისა პრასტინთა ჩემთათჳს : სხუაჲ ოქროზეჭდისა სწორი ერთი კარნუ ქალაქს განგებისა ჩემისათჳს :·

107. სამეუფოჲ პიტაკი [1] ერთი ლოგის ქმნისათჳს [2] ყოველთა პრასტინთა ჩემთაჲსა : სხუაჲ სამეუფოჲ პიტაკი ერთი თემის ზმოლინაჲსათჳს :· აპოდიქი (სამი აპოსკედეფ) [3] მიხაელ მეფისაჲ სამ[ი]სა კენტინარ[ი]საჲ [4] და ოცდა შჳდისა ლიტრისაჲ რომელ ავიღეთ სამეუფოჲთა ბრძანებითა კრტისისაგან კილიკიელისა · და მისაგან პარაფშაფისა : სხუაჲ აპოდიქსი აპეტისინისა თემისა ზმოლინაჲსაჲ :· აპოდიქსი განძისაჲ სამისა კენტინარისაჲ რომელი ფილოტიმიად [5] აიღეს ფრანგთა მაგისვე პირისათჳს პიტაკი ერთი და სხუაჲ მრავალ სახე პიტაკები ∵ სიმეონსინი ხარტოფილაკისაჲ და წიგნი მისი თემისა მის მსაჯულისა მიმართ :·

პიტაკი ვოტანიატისაჲ რომელი გარდაიწერა სიკრიტონსა შინა მიწერილი იკონომოსსა თანა მისინოპოლისასა პრასტინთა ჩემთათჳს : რომელ დაღაცათუ ეპისკევტოზისაგან [6] იყვნენ პრასტინნი და ბრძანებაჲ გამოვიდა მისვე მიფისაგან [7] რომელ ვისცა ვისდა : ეპისკევტოზისაგან მიცემულ იყოს : კუალად ეპისკევტოზასვე მიექცეს : გარნა ჩუჱნნი
* p. 124 შეურყეველად დაშთენ : და ესე პიტა*კი სოფია წმიდას არს სხუათა თანა სასამართლოთა ნაწერთა :·

108. მოსაკსენებელი : წიგნი : და აპოდიქსი : ოქრო : ზეჭედთა : ჩუჱნთაჲ : და სხუათა : სასამართლოთა : ნაწერთაჲ : რომელნი : ნამარხევად : სხენან : სოფია წმიდას :·

[1] Πιττάκιον. [2] Λογισθῆναι. [3] Haec verba inter lineas scripta sunt. [4] Centenarius - Κεντηνάριον. [5] Φιλοτιμία. [6] Ἐπίσκεψις. [7] მეტისაგან.

ისოკოდიკონი [1] ზრავიკისაჲ და ჴელით წერილები მისვე სოფლისაჲ : ისოკოდიკონი სოფლისა პრილონგისაჲ :· ნასყიდის ნაწერები ვარდანისი ავლინისათჳს [2] რომელი მისინოპოლს არს : და გიორგი წმიდისათჳს რომელი პაპიკს არს პრახტიკონი და პერიერეზმონი ფილიპოპოლისა პრასტინთათჳს :· პრახტიკონი და პერიერეზმონი მისინოპოლისა პრასტინთა ჩემთაჲ : და ეგრეთვე აპოტიქსები კონომისაჲ [3] დიმოსისაჲ და ველიკოზისათჳს [4] :· ლოგისიმონოზისა წიგნი მისინოპოლისა პრასტინთა ჩემთათჳს :· პრახტიკონი და პარადოდიკონი [5] ლავაკაჲსა :· ჴელით წერილები და აპოდიქსები სტენიმახისა პანაჟურილთაჲ [6] :· იპომნიმაჲ [7] რომელი შექმნა მისოპოტმელმან სამეოფოჲოა ბრძანებითა : ფრენაკსა შორის და ზაქარიაჲს სოფელსა : პრახტიკონი რომელი შე[ი]ქმნა მისვე პირისათჳს : რომელი შეიქმნა ბრძანებითა წმიდისა მეფისა ჩუჱნისა ალექსისაჲთა ვიდრეღა ჯერეთ დიდად დამემესტიკოსად იყო :·

პრახტიკონი და პერიერეზმონი პეტ*რიწონისაჲ ყოველთა * p. 125 ადგილთაჲ შექმნილი ოფიდოფაისაგან ბრძანებითა წმიდისა და თჳთ მპყრობელისა მეფისა ჩუჱნისაჲთა :·

და ესე ყოველი ოქრობეჭდები და სასამართლოჲ წიგნები რომელნი სოფია წმიდას ნამარხევად არიან : და რომელნი მონასტერს არიან : ყოველნივე იყვნედ ჩუჱნსა მონასტერსა და ეკლესიასა შინა ჴელსა ქუჱშე მამასახლისისა რაჲთა მომავალსა შინა ჟამსა ოდესცა საკმარ იყოს გამოიღებდენ და უჩუჱნებდენ :·

109. დაიწერა უკუჱ და დაემტკიცა წესი ესე განგებისაჲ ამის პატიოსნისა მონასტრისა ჩუჱნისაჲ : ღმრთის მშობლისა პეტრიწონისაჲ : ბრძანებითა ჩემ გრიგოლ სევასტოსისა და დიდისა დემესტიკოსისა ყოვლისა დასავლეთისა მიდამოჲსა მისა ბაკურიანისაჲთა : მაშენებელისა ზემო თქუმულისა ამის მონასტრისა და ეკლესიისა :·

[1] Ἰσοκώδικον. [2] Αὐληνή ? [3] Sic. [4] Δημόσιος, cfr Dölger, *Beiträge*, p. 29. [5] Παραδεδωκός ? [6] Πανήγυρις. [7] Ὑπόμνημα.

წერილითა ბერძულითა და ქართულითა :· თ დეკენბერსა : მეშჳდესა ინდიკტიონსა : დასაბამითგანთა წელთა : ექუს ათას ხუთას : ოთხმეოცდა მეათორმეტესა :

და ქუჱმოჲთ წარიწერენ ჴელითა ჩემითა ზემო ჴსენებულისა გრიგოლისითა ყოველნივე ესე ტიპიკონნი :·

ხოლო ბერძულნი ორნივე წარიწერნეს შემდგომად ჩემისა
* p. 126 დაწერილისა : წმიდისა პატრიარქისა იჱრუსალემელისა * ღირსისა ეფთჳმესითა : დასამტკიცებელად და სარწმუნო ყოფად ყოვლისავე რომელიცა ტიპიკონსა ამას შინა წერილ არს დახუდომითა მისითა ჩუჱნ თანა : რაჲმეთუ სამეუფოჲთა ბრძანებითა თესალონიკედ˙ მოსრულ იყო მშჳდობისა და სიყუარულისა ყიფად შორის ფრანგთა და მოქცევასა მისსა ჩუჱნ თანა წარმოვიდა ფილიპოპოლისა პრასტინთა ჩუჱნთა :

და ამისთჳს დაიწერა ბერძულად და ქართულად[1] [რაჲმეთუ] ქართველნი არიან და არა იციან ბერძული წარკითხვაჲ და ჯერ არს რაჲთა ქართულად წერილსა აღმოიკითხვიდენ და გულისჴმა ჰყოფდენ : აღწერილსა განსაზღვრებულსა ამას შინა ტიპიკონსა :· :·

ხოლო სიმტკიცისა : ქონებად : უბრძანებთ : ბერძულსა : წერილსა :· რაჲმეთუ დასასრულსა საქმისასა ქუჱმო წერილი მას უპყრიეს : და შეიქმნა სწორი ამისი და დაიწერა ეგრეთვე სახედ : და დაიდვა პატიოსანსა მონასტერსა პანაგიისასა : რომელ არს ღმრთივ დაცულსა ქალაქსა სამეუფოსა : რაჲთა უკუჱ[2] მუნ დაიმარხოს მასვე მონასტერსა შინა :

110. და უკუჱთუ სადა ვითარ იგი მე არა მწადის· წინამძღუართაგანი ვინმე მონასტრისა ჩუჱნისათაჲ ანუ სხუაჲ ვინმე ძმათაგანი მაოკრებელად ზემო ჴსენებულისა
* p. 130$_5$ ამის მონასტრისა ქრისტეს ღმრთისა ჩუჱნისა *[3] ვინა პრასტინთა მისთა ანუ საკმართა იპოოს : და შეურაცხ-

[1] ქართუარად. [2] უკუე. [3] Ab hinc quae sequuntur magnam conversionem et perturbationem paginarum prae se ferunt.

ყოფად ეცადოს რომელი რაჲ ტიპიკონსა ამას შინა წერილ არს : ანუ თუ მებრ დაკსნად ამისა გინა წარწყმედად ისწრაფოს ტიპიკონი იგი რომელი პანაგიისა [1] ნამარხევად მეს გამოიჩინოს და ემხილოს ესე ვითარსა მას : რომელმან ეგე ვითარი იგი უსამართლოებაჲ ყოფად იკადროს და ქმნას : და ჯეროვნად განიწუართოს · და რაჲცა დაეკლოს ეზღვიოს მას და თჳთ განიძიოს მონასტრისაგან : და კუალად ტიპიკონი იგი დაიდვას მონასტერსა პანაგიისასავე და არა მნებავს რაჲთურთით გარეგან მონასტრისა გინა სამეუფოჲსა ქალაქისა განსლვაჲ ამისი ანუ თუ დამალვაჲ : რომლისათჳს ვაფუცებ მამასახლისთა რომელნი ყოფად არიან მონასტერსა ჩუენსა და მისთა ძმათა ყოველთა თავადსა წმიდასა ღმრთის მშობელსა რაჲთა დაიმარხოს მათ მიერ ნებაჲ ჩუენი და შჯულის დებაჲ ესე : და ამასვე მონასტერსა შინა დამარხულ იქმნას ტიპიკონი ესე მონასტრისა ჩუენისაჲ და თუ * ვისმე უკმდეს გარე განღებაჲ * p. 131_{1-1} ამისი სასარჩლოჲსა რაჲსამე საქმისათჳს ამისგან რომელ არს მონასტერსა ჩუენსა სწორი მისი დაიწეროს და დაიმტკიცოს წინამძღურისა და ძმათაგან : და წარიცეს ვითა თავადივე ტიპიკონი : და ვითარცა ვთქუთ ნუ ოდეს ნუმცა განსრულ არს მონასტრისაგან ჩუენისა თავადი ტიპიკონ[ი] :· :·

მტკიცე არიან : ზემო [2] წერილნი : ესე : ნებითა : ღმრთისაჲთა : რვეულნი ყოველნი რვითა ფურცლითა არიან და არა არს მათ შინა აღმოკუეთილი და ნუცაღა ვინ იკადრებს აღმოკუეთად :· :·

* * *

111. განვაწესებთ : უკუე : და ვამცნებთ : ყოველთა : * p. 130_{1-5} შემდგომად : ჩუენსა : მომავალთა : წინამძღუართა : და სულისა : ჩუენისა : მოურავთა : მკჳდრთა : მონასტრისა :

1 Sic. 2 ზემა.

* p. 127 ჩუჱნისათა :· რაჲთა წმიდათა ამათ ათორმეტთ[ა] * გან-გებულებისა საუფლოთა დღესასწაულთა უბრწყინვალესად დღესასწაულობდენ [1] ღამის თევითა : გალობითა ეკლესიისა შემკობითა ბრწყინვალედ : სანთელთა მიერ და კანდელთა და საკუმეველთა მიერ და სულნელთა განშუჱნებითა : უხუად ტრაპეზისა დაგებითა : და ძმათა კრებულისათა კეთილად ნუგეშინისცემითა გლახაკთა ღუწოლითა და ქველის საქმისა მიცემითა : საკსრად სულთა ჩუჱნთათჳს და ყოველთა მიცვალებულთა ჩუჱნთა :· ესრეთ ჰყოფდენ :·

ხარებასა დღესა ყოველთა ჟამი ჩემთჳს წირონ :· მას დღესა ტრაპეზი დაეგოს უხუჱბით · და გლახაკთა უღონოთა განეყოს დრაჰკანი ათი :· და მღდელთა ჟამის მწირველთა ექუსთა ვითა ზემო დაგჳწერია და განგჳწესებიან :· [ს]ამთა და სამთა თჳთო დრაჰკანი :·

ქრისტეს შობად ყოველთა მღდელთა ჟამი ჩემთჳს წირონ :· [მა]ს დღესა ტაბლაჲ დაეგოს ბრწყინვალე :· [დ]ა გლახაკთა უღონოთა განეყოს დრაჰკანი ათი : და ექუსთა ჟამის მწირველთა მიეცეს დრაჰკანი ორი :·

მიგებება[დ] ყოველთა მღდელთა ჟამი ჩემთჳს წირონ ტრაპეზი დაეგოს უხუჱბით მას დღესა : და გლახაკთა განეყოს დრაჰკანი ათი : და ექუსთა ხუცესთა მიეცეს
* p. 128_{1-15} დრაჰკანი ორი :· :· *

განცხადებად ყოველთა მღდელთა ჟანი ჩემთჳს წირონ : მას დღესა ტაბლაჲ დაეგოს ბრწყინვალე : გლახაკთა განე-ყოს დრაჰკანი ათი და ექუსთა ხუცესთა მიეცეს დრაჰკანი : ბ [2] :

ფერისცვალებად ყოველთა მღდელთა ჟამი ჩემთჳს წი-რონ : მას დღესა ტრაპეზი დაეგოს უხუჱბით : და გლახაკთა განეყოს დრაჰკან[ი] ათი : და ხუცესთა ექუსთა მიეცეს დრაჰკანი ორი

ბზობად ყოველთა მღდელთა ჟამი ჩემთჳს წირონ : მას

[1] ნღესასწაულ ... [2] ყ:

დღესა ტაბლაჲ დაეგოს უხუჱბით : გლახაკთა განეყოს დრაჰკანი ათი : და ექუსთა ხუცესთა მიეცეს დრაჰკანი ორი :·

ესე ექუსნი საუფლონი დღესასწაულნი :· ჩემ გრიგოლისთჳს ზემო ჴსენებულისა ამის მონასტრისა მაშენებელისათჳს განმიჩენიან· რაჲთა ჩემთჳს აღაპსა ჰყოფდენ ამით სახითა :· * * p. 132

112. და ესრედ[1] ამასვე : პირსა : ზედა : განვაწესებ : და დავამტკიცებ : სანატრელისა : ძმისა : ჩემისა : აბაზ : მაგზ[2] : მაგისტროსისათჳს :·

დიდსა პარასკევსა ტაბლაჲ დაეგოს ჯერისაებრ : და გლახაკთა განეყოს დრაჰკანი ათი : და დაღაცათუ მას[3] დღესა ჟამის წირვაჲ არა აღესრულების· არამედ უსისხლოჲსა მის მსხუჱრპლისა განახლებაჲ იქმნების : ჯერ არს რაჲთა ექუსთა ჟამის მწირველთა ორი დრაჰკანი მიეცეს :·

დიდსა შაბათსა მღდელთა ჟამი ძმისა ჩემისა აბაზისთჳს წირონ : მას დღესა ტაბლაჲ დაეგოს უხუჱბით : გლახაკთა განეყოს დრაჰკანი ათი : ექუსთა ხუცესთა მიეცეს დრაჰკანი ორი :

აღვსებასა დღესა ყოველთა [მღდელთა] ჟამი ძმისა ჩემისათჳს წირონ : ტრაპეზი დაეგოს ბრწყინვალე გლახაკთა განეყოს დრაჰკანი ათი : ექუსთა ხუცესთა დრაჰკანი ორი :·

ამაღლებად ყოველთა ძმისა ჩემისათჳს წირონ : ტრაპეზი დაეგოს უხუჱბით : გლახაკთა განეყოს დრაჰკანი ათი : ჟამის მწირველთა დრაჰკანი ორი :·

სულისა წმიდისა მოსლვად ყოველთა ძმისა ჩემისათჳს ჟამი წირონ : ტაბლაჲ დაეგოს ბრწყინვალ[ე] გლახაკთა განეყოს დრაჰკანი ათი ექუსთა ხუცესთა დრაჰკანი ორი :· * * p. 133

დიდი ხუთშაბათი ზემო დაიწერა სანატრელისა მამისა ჩუჱნისა ბაკურიანისათჳს : და ათ[ი დრაჰკანი][4] დაგჳწერია

[1] იდ. [2] Sic. [3] თს. [4] ათ თჳს, cfr p. 101.

გასაყოფელად გლახაკთა : კუალად მუნითცა[1] მიეცეს მღდელთა ჟამის მწირველთა ორი დრაჰკანი :·

113. და მიცვალებასა წმიდისა ღმრთის მშობელისასა რომელ არს დღესასწაული წმიდისა ეკლესიისა ჩუჱნისაჲ :·

და თავის კუჱთასა წმიდისა იოვანე ნათლის მცემელისასა

და გიორგი წმიდობად : ძმათა მონასტრისათა განეყოფს თორმეტ თორმეტი დრაჰკანი :·

ამათ სამთავე[2] დღესასწაულთა : ოცდა ათექუს მეტი დრაჰკანი მონასტრისა ჩუჱნისა მონაზონთა განეყოფს : ჟამის მწირველთა და ყოველთა ძმათა ერთობით სწორად :· ათორმეტი ღმრთის მშობლისა მიცვალებად :· ათორმეტი თავის კუჱთად : ათორმეტი გიორგი წმიდობად :·

114. რაჲმეთუ არს უწყებად :· ოჳკუჱთუ ხარებაჲ დიდსა ხუთშაბათსა მიჴუდეს ექუსთა მღდელთა ჟამის მწირველთა :
* p. 134 სამთა მამისა ჩუჱნი*სათჳს წირონ : და სამთა ჩემთჳს ხოლო მათი განწესებული არა დააკლდეს : არცა რომელ ვითარ გლახაკთათჳს განგჳწესებია თით[ოე]ულისა დღესასწაულისაჲ · არამედ წარსაგებელი ყოველი განეყოფს :·

ეგრეთვე დიდსა პარასკევსა : და დიდსა შაბათსა : და აღვსებასა უკუჱთუ ხარებაჲ მიჴუდეს ესრეთ ჰყოფდენ :·

115. დიდებაჲ : ღმერთსა : სრულ : მყოფელსა : ყოველთა კეთილთასა :·

და დიდებაჲ : ყოვლად : წმიდასა : ღმრთის : მშობელსა :·

[1] მონითცა. [2] სამთთვე.

INDEX VERBORUM

INDEX HUIUS TOMI